글로벌 한국사, 그날 세계는

인물 vs 인물

한국사와 세계사를 넘나드는 시시콜콜 역사 토크

글로벌 한국사, 그날 세계는

인물 vs 인물

KBS 글로벌 한국사, 그날 세계는 제작팀

Humanist

처음 KBS1라디오 〈글로벌 한국사, 그날 세계는〉의 MC 제안을 받았을 때가 떠오른다.

우리 역사와 세계 역사를 한자리에서 배울 수 있겠다는 생각에 설레면서도 한편으로는 왜 이런 프로그램이 진작 만들어지지 않았을까 싶었다. 뿐만 아니라 그 어떤 책이나 교과서보다 세계사 속 이야기를 더 많이 더 촘촘하게 전해주었던《먼나라 이웃나라》의 저자 이원복 총장님과 우리 역사를 정확하고 재미있게 풀어주는 신병주 교수님이 함께한다는 소식에 가슴이 뛰었다.

두 분 교수님을 모시고 함께했던 매주 토요일 밤은 마치 타임머신을 타고 여행을 하는 느낌이었다. 매번 꼼꼼하게 그리고 빼곡히 자료를 준비해 오시는 두 분 교수님을 뵐 때마다, 할머니와 할아버지가 들려주시는 옛날이야기를 기다리는 꼬마 숙녀처럼 이야기보따리가 어서 빨리 풀리기를 기다리기도 했고, 신기할 만큼 닮아 있는 한국사와 세계사 속 주인공에 놀라기도 했다.

방송을 시작한 지 어느새 일 년이 지났다. 두 분 교수님의 해박한 역사 지식을 늘 박장대소하며 듣다 보니 프로그램을 애청하고 있다는 팬들이 점점 더 늘어갔다. 거기에 더해 〈글로벌 한국사, 그날 세계는〉이 책으로 발간되어 독자 여러분과도 만날 수 있게 되었으니 얼마나 뜻 깊은 일인지 모르겠다. 생각만 해도 가슴이 벅차다.

이 프로그램을 기획한 박대식 프로듀서님, 늘 아이디어를 갈구(?)하고 자료를 다듬느라 고생하는 김정희 작가님의 노고가 없었다면 이 모든 것이 불가능했기에 두 분께도 깊은 감사를 드린다.

단언컨대 〈글로벌 한국사, 그날 세계는〉은 소장해놓고 두고두고 듣고 싶은 프로그램, 언제든 다시 펴서 재밌게 읽을 수 있는 역사책이 될 것이다.

한국사와 세계사를 넓고도 깊은 역사의 흐름에서 한 가지 주제로 꿰뚫어 통찰해볼 수 있는 〈글로벌 한국사, 그날 세계는〉이 앞으로도 오래오래 함께할 수 있길 소원한다.

〈글로벌 한국사, 그날 세계는〉 MC, 아나운서 이정민

차례

동서양 해신의 맞대결

장보고 vs 크누트

한국사		세계사
장보고, 통일신라에서 출생	8세기 후반	
당으로 건너가 장교가 됨		
(김헌창의 난)	822	
(흥덕왕 즉위)	826	
귀국. 청해진을 설치하고 대사직에 오름	828	(잉글랜드 왕국 성립)
(흥덕왕 사망. 김균정과 김제륭의 왕위 다툼	836	
김제륭, 승리하여 희강왕으로 즉위)		
김균정의 아들 김우징이 청해진으로	837	
피신해오자, 보호해줌		
(김명, 정변을 일으켜 민애왕으로 즉위)	838	
(김우징, 민애왕을 죽이고 신무왕으로 즉위)	839	
(신무왕 죽고 문성왕 즉위) 진해장군에 임명됨		
	843	(베르됭 조약)
딸을 문성왕의 왕비로 삼으려 했으나	845	
귀족들의 반대로 실패		
문성왕의 자객 염장에게 살해됨	846	
(청해진 폐지)	851	
	⋮	
(거란의 1차 침입)	993	
	995	**크누트,** 이 무렵 스벤 1세의 둘째 아들로 출생
	1002	(신성 로마 제국, 하인리히 2세 즉위)
(거란의 2차 침입)	1010	
	1013	아버지 스벤 1세와 함께 잉글랜드 정벌
	1014	스벤 1세가 죽자 형이 왕위 계승
	1016	잉글랜드 왕으로 즉위
		(덴마크 왕조의 잉글랜드 지배)
(거란의 3차 침입)	1018	형이 죽자 덴마크 왕위 계승
	1024	노르웨이 왕위를 겸임
		(신성 로마 제국, 콘라트 2세 즉위)
	1025	가톨릭교 개종
	1028	노르웨이 침입
(고려 현종 사망)	1031	
	1035	사망

우리나라 최초의 잠수함은 '장보고함'입니다. 드라마를 통해 '해신(海神)'으로 알려진 장보고가 지금도 우리 바다를 지켜주고 있다는 의미겠죠. 물론 장보고함보다 훨씬 더 크고 대단한 잠수함이 이후에 많이 생겼지만, 바다의 왕 혹은 해신 하면 우리는 장보고를 가장 먼저 떠올립니다. 반면 서양에는 그 유명한 바이킹이 있었죠. 그리고 그 바이킹을 호령한 바이킹의 왕은 크누트 대왕입니다. 크누트 대왕은 장보고보다 두 세기 정도 뒤에 활약했고, 북해 제국을 건설했지요. 그럼 이제 바다의 왕 통일신라의 장보고와 바이킹의 왕 북해 제국의 크누트를 만나보겠습니다.

해상왕 장보고 vs 바이킹 왕 크누트

이정민 '바다의 왕'과 '바이킹의 왕'을 견주는 시간을 가지려고 합니다. 한국사를 대표하는 바다의 왕 장보고와 세계사를 대표하는 바다의 왕 크누트 대왕이죠. 먼저 두 사람이 어떤 인물인지 살펴볼까요?

신병주 장보고의 위인전을 읽지 않은 어린이가 없을 정도로 바다의 왕 장보고는 우리 역사에서 손꼽히는 인물이죠. 장보고의 정확한 출생연도는 알려져 있지 않습니다. 8세기 후반 무렵에 태어나서 846년에 사망했으니, 9세기 통일신라 시대에 활동한 인물이라고 하겠습니다. 통일신라 하대에는 주로 지방의 호족들이 득세했는데, 장보고도 해상 호족에 해당하죠. 신라에서는 신분이 미천했지만, 당에 가서 이름을 떨치고 벼슬을 하다가 828년에 귀국한 뒤 청해진 대사로 활동하면서 바다를 장악합니다. 그 과정에서 막대한 부를 축적하고 정치를 시작하는데, 나중에는 결국 피살당합니다. '해신'으로도 불린 장보고는 이순신 장군과 더불어 우리 역사에서 바다를 상징하는 인물입니다.

이원복 과거 바이킹이 활동한 북부 유럽에서 크누트는 굉장히 흔한 이름인데, 오늘의 주인공은 그 흔한 크누트들 중에서도 11세기에 북해를 지배한 크누트 대왕입니다. 바이킹은 덴마크와 노르웨이와 스웨덴 남부에 주로 거주했기 때문에, 북쪽 사람이라는 뜻에서 노르만족이라 불립니다. 이들은 뿔이 달린 모자를 쓰고 양끝이 동그랗게 말린 배를 타고서 여기저기를 누비고 다녔어요. 크누트 대왕은 세력을 넓혀 잉글랜드와 스코틀랜드 일부, 아일랜드까지 지배하기에 이릅니다. 오늘날 아일랜드의 수도 더블린과 영국의 요크는 바이킹이 세운 도시예요.

바이킹은 잔인하고 폭력적인 성향이 강한 데다가 해적질도 서슴지 않은 무리도 있어서 당시 유럽에서는 경계하고 두려워한 존재였습니다. 그런데 이들이 배를 타고 남쪽으로 내려가다가 프랑스 서부에 다다릅니다. 춥지도 않고 비옥한 이곳에 정착을 하게 되죠. 프랑스 왕 입장에서는 기가 막힐 노릇이었지만 험악하기로 유명한 바이킹과 싸울 수는 없었어요. 그 지역을 벗어나지 않는다는 조건으로 그곳에 사는 것을 허락합니다. 노르만족의 땅이라는 의미에서 그곳은 노르망디라고 이름 붙여지죠. 이 노르망디 공국의 윌리엄 공이 잉글랜드를 정벌함으로써 잉글랜드의 노르만 왕조가 시작되기도 합니다.

"바이킹에게 딱 한 가지 없는 것이 바로 겁이다"라는 말이 전할 정도로 바이킹은 용맹하기 그지없었습니다. 덴마크에서 배를 타고 내려와서 프랑스와 포르투갈 해안을 지나 지브롤터 해협을 건너 이탈리아 남부의 시칠리아 섬까지 갔습니다. 그런가 하면 육상으로도 이동하는데, 강을 따라 내려가다가 강이 끊기면 배를 들고 뛰는 수고도 마다하지 않고 흑해까지 진출했으니 유럽 전역에 영향력을 행사한 대단한 민족입니다.

장보고 시대의 유럽, 크누트 시대의 통일신라

이정민 장보고가 활약했던 8세기 후반에서 9세기 사이의 신라와 크누트 대왕이 활약했던 11세기 유럽의 상황이 궁금한데요?

신병주 676년에 신라가 삼국을 통일합니다. 당을 완전히 몰아내고 통일한 후부터 신라는 100여 년간 최전성기를 누립니다. 그러다가 장보고가 주로 활동한 9세기 신라 하대에 이르면 중앙에서 왕위 쟁탈전이 끊임없이 벌어져서 점차적으로 쇠퇴의 길을 걷습니다. 150여 년 동안 스무 명의 왕이 교체되는데, 평균 재위 기간이 7년 정도밖에 안 되는 거죠. 흥덕왕에서 희강왕, 민애왕, 신무왕, 문성왕으로 바뀌는 혼란한 정국에 장보고가 활동했어요. 지방에서 힘을 키운 성주 출신 호족들이 호시탐탐 중앙 진출의 야욕을 불태웠는데, 넓게 보면 장보고 역시 해상에 기반을 둔 지방 호족 세력이었죠.

이원복 9세기 유럽은 카를, 카롤루스, 찰스로 불리는 샤를 대제가 유럽 전역에 영향을 끼치며 강력한 프랑크 왕국을 완성합니다. 10세기 말에는 오토 대제가 신성 로마 제국을 건설합니다. 711년에 이슬람 세력이 에스파냐를 침공한 뒤 유럽의 서쪽에는 이슬람 세력이, 동쪽에는 동방 정교 세력이, 가톨릭 세력은 프랑크 왕

국을 중심으로 자리를 잡아가고 있었어요. 어느 권력도 미치지 않았던 유럽의 북방 지역을 10세기 말과 11세기에 걸쳐 강력하게 지배한 사람이 바로 바이킹의 크누트 대왕입니다. 1035년 크누트 대왕이 죽자, 유럽 왕국의 세력이 강해지면서 북해 제국, 즉 해상 세력은 완전히 무너집니다.

엄밀히 이야기하면 해상 세력은 연안 세력이죠. 대륙 본토에 뿌리를 내리지 못하고 해안에서 힘을 키운 세력이기 때문에, 대륙에 프랑크 왕국처럼 강력한 정권이 들어서서 막강한 육군을 확보하면 해상 세력은 힘을 쓰기가 어려울 수밖에 없어요. 프랑크 왕국을 시작으로 독일, 프랑스, 이탈리아로 유럽의 권력 질서가 재편되자 북방 민족이 몰락하게 된 것이죠.

이정민 그럼 이번에는 뒤바꿔서 장보고가 활동하던 시기의 유럽 상황은 어떠했는지, 그리고 크누트가 활약하던 시기의 한반도 상황은 어떠했는지 알아볼까요?

이원복 장보고가 활약했던 시기의 유럽은 843년 베르됭 조약으로 프랑크 왕국이 독일과 프랑스, 이탈리아로 분열되어 유럽의 질서가 오늘날의 모습으로 자리를 잡기 시작했습니다.

크누트가 활동한 시기의 유럽은 독일과 프랑스와 이탈리아로 이제 막 분열되었기 때문에 북방 해양 세력이 힘을 키워나갈 여지가 있었고, 북방 민족이 맹위를 떨칠 수 있는 마지막 시기이기도 했습니다. 북해를 중심으로 덴마크와 노르웨이, 스웨덴 남부, 잉글랜드, 스코틀랜드 일부에 이르는 거대한 크누트 제국을 형성했으니까요. 영국 문학에 그 흔적이 남아 있어요. 셰익스피어의 대표작 《햄릿》의 주인공이 바로 덴마크의 왕자거든요. 13세기 덴마크 역사가 삭소 그람마티쿠스가 쓴 《덴마크 연대기》에 등장하는 이야기가 《햄릿》의 모티프가 된 것입니다.

신병주 11세기 초반 한반도는 후삼국을 통일한 고려가 집권하고 있었는데, 거란족이 세운 요의 침입이 잦았어요. 1018년에는 거란의 3차 침입이 있었는데, 고려 8대 왕인 현종이 이를 잘 극복합니다. 현종은 20여 년간 재위하면서 고려 통치 체제의 기틀을 다졌습니다.

신분의 한계를 넘어, 아버지의 견제를 뚫고

이정민 장보고와 크누트가 '바다의 왕'으로 이름을 떨친 것은 비슷하지만, 두 사람의 신분 차이는 엄청 크다면서요?

신병주 실제로 장보고가 왕위에 오른 적은 없습니다. 《삼국사기》에 그 출신을 알 수 없다고 기록된 걸 보면 평민 출신으로 가난하고 변변치 못한 집안에서 태어난 것 같아요. 《삼국유사》에도 한반도 남쪽 끝자락의 어느 섬에서 태어났다고만 나오거든요. 장보고가 완도에 청해진을 설치한 것으로 미루어 보건대 완도 인근의 섬으로 짐작됩니다. 어릴 때 이름이 궁복이나 궁파로 전해지는데, 성씨도 없을 정도로 신분이 낮았던 것 같아요.

장보고는 철저하게 자신의 능력으로 성공한 인물입니다. 기록에 따르면 활과 창을 다루는 솜씨가 빼어났고, 수영을 잘했다고 해요. 아무래도 바다에 익숙하고 자신이 있었으니 바다에서 활동했겠죠. 하지만 장보고는 골품제의 한계 때문에 신분 상승이 어렵다는 걸 깨닫고, 당으로 건너가 승부수를 던진 겁니다.

궁복이라는 이름을 중국식으로 발음해서 '궁'은 '장'으로, '복'은 '보고'로 표기한 게 아니겠냐고 추론하는 학자들도 있어요. 당에서 많은 업적을 쌓고 신라로 돌아온 장보고는 신라 사람들이 당과 일본을 오가는 바다 길목에서 해적들에게 약탈당하는 것을 알고 이에 대한 대비책을 마련하기로 마음 먹은 것 같습니다.

이원복 크누트는 혈통상으로는 별다른 제약이 없었습니다. 다만 둘째 왕자로 태어났기 때문에 장자를 보호하고 형에게 도전하지 못하도록 부왕이 어려서부터 전쟁터를 전전하게 했어요. 그 덕분에 여리고 예쁘장한 소년은 용맹무쌍한 바다의 왕으로 성장합니다. 아버지를 따라 잉글랜드로 건너가 정벌을 마치고 얼마 지나지 않아서 아버지가 죽자 크누트가 잉글랜드 왕으로 추대됩니다. 하지만 아직 세력 기반이 약해 잉글랜드 귀족들의 반발에 부딪히자 일단은 본국으로 돌아갔습니다. 이듬해 대군을 이끌고 다시 잉글랜드로 쳐들어간 크누트는 잉글랜드를 정복하고 스스로 왕이 되었습니다. 형이 죽고 나서 덴마크 왕이 된 크누트는 유럽 이곳저곳을 돌아다니며 대제국을 건설했어요.

무력으로 유럽을 제패한 바이킹 왕 크누트는 정치력도 뛰어났습니다. 잉글랜드를 다시 점령한 뒤, 전사한 잉글랜드 왕의 뒤를 이어 스스로 왕이 되기는 했지만 잉글랜드 귀족들이 반길 리 없었겠죠. 여기서 크누트가 미망인이 된 왕비를 자신의 왕비로 삼습니다. 잉글랜드 귀족들은 크누트가 자신들이 섬기던 왕비의 남편이 된 이상 자신들의 왕비를 욕보이지 않기 위해서라도 그를 받아들일 수밖에 없었어요. 또 덴마크에서는 종교를 통해 백성들을 휘어잡았죠. 덴마크에 선교사를 파견해 백성들에게 포교하는 등 가톨릭을 적극적으로 권장했습니다. 성직자와 교회의 지지를 한 몸에 받으며 크누트는 정권의 안정화를 이룩할 수 있었습니다.

신병주 크누트가 전쟁터를 전전하는 과정에서 장수로서의 자질을 길렀다면, 장보고는 어릴 때부터 무장의 기질이 남달랐어요. 《삼국사기》의 기록에 따르면 "말을 타고 창을 쓰는 데 대적할 자가 없"었다고 합니다. 수영에도 능했을뿐더러 추진력과 리더십도 뛰어났던 것 같아요. 정연이라는 친구와 함께 힘을 겨루며 무예를 갈고 닦았다는 기록도 나옵니다.

하지만 신분적 한계 때문에 신라에서는 자신의 능력을 펼칠 수 없었던 장보고는 당으로 건너가 무령군 소장이라는 지위에까지 오릅니다. 외국인이 군대의 중간 지휘자로 채용되었다는 건 그 능력을 상당히 인정받았다는 뜻이죠. 또한 당과 신라의 교역이 활발했던 시기인 만큼, 당에 거주하는 신라인을 규합해 재당 신라인 조직을 키워나갔고 그 과정에서 신망을 두텁게 쌓았습니다.

신라로 돌아온 장보고는 흥덕왕에게 중국을 두루 돌아다녀 보니 도적들에게 잡혀 노예가 된 신라인이 많다고 보고하고 그 방지책으로 진을 설치하자고 간청합니다. 왕의 신임까지 얻어 청해진의 대사로 임명되었으니, 인생 역전이 따로 없습니다.

이정민 골품제가 확고했던 신라에서 평민 출신의 장보고가 왕에게 직접 간청을 올리는 게 가능했나요?

신병주 장보고가 귀국하기 얼마 전 신라에서 김헌창의 난이 일어납니다. 웅천주(지금의 충청남도 공주)의 도독(都督)이었던 김헌창이 일으킨 난으로 왕권이 위태로워진 상황이었죠. 흥덕왕 입장에서는 일정 규모 이상의 군대와 경제력을 갖추고 해상에서 이름을 떨치고 있는 장보고의 존재가 상당히 반가웠겠죠.

또한 청해진을 통해 중계무역의 막대한 이익이 창출되었거든요. 당은 일본뿐 아니라 이슬람 권역에서도 찾는 국제적인 무역 국가였으니까요. 심지어 인기가 높은 도자기는 청해진에서 직접 생산했다고 합니다. 부가 축적되면 더 많은 해상 세력이 모이기 마련이고, 확고한 세력이 확보되면서 더 탄탄한 권력과 입지를 다질 수 있었던 거죠. 신라, 당, 일본, 이슬람 할 것 없이 아마 장보고를 거치지 않고서는 교역을 할 수 없었을 겁니다.

청해진이 있던 완도에 남아 있는 목책과 우물터, 부두 시설과 토성 흔적 등으로 보아 청해진이 국제적인 무역항이었음을 알 수 있죠. 항만 시설을 따라 둘러쳐진 성곽의 규모로 짐작하건대, 그 광활한 공간에서 군사 훈련이 이루어졌던 것 같아요. 장보고의 해상 세력이 완도가 위치한 남해뿐 아니라 서해까지 진출해 해적을 소탕했다는 기록도 있으니까요.

흥덕왕이 아들 없이 죽자, 흥덕왕의 사촌 동생 김균정과 조카 김제륭이 왕위 다툼을 벌이다가 조카인 김제륭이 43대 희강왕으로 등극해요. 왕위 쟁탈전에서 패한 김균정의 아들 김우징은 청해진으로 피신합니다. 그만큼 장보고의 세력이 군사력으로나 경제력으로나 쟁쟁했다는 의미겠죠. 본인의 의지도 작용했겠지만, 이렇듯 왕위 쟁탈전에 개입되면서 장보고는 정치적 소용돌이에 휘말리게 됩니다.

바다를 누비던 두 권력자의 최후

이정민 앞에서 장보고가 정치권력을 탐하기 시작하면서 쇠퇴의 길을 걷게 되었다고 말씀하셨는데 특별한 계기가 있었나요?

신병주 당시 신라는 왕도 자주 바뀌고 정치적으로 어지러웠어요. 희강왕은 왕위에 올랐으나, 잦은 반란과 정치적 압박에 못 이겨 자결을 합니다. 그 뒤 반란 세력 중 한 명인 김명이 44대 민애왕이 되자, 청해진에 있던 김우징도 왕이 될 기회를 엿보면서 장보고를 설득합니다. 이에 장보고는 죽마고우 정연에게 군사를 내줍니다. 정연이 민애왕을 시해하고 김우징을 45대 신무왕으로 등극시키죠. 하지만 신무왕은 등창으로 반년 만에 죽고 말아요. 46대 문성왕이 왕위를 이었는데, 장보고 세력을 무시할 수 없어 장보고에게 진해장군이라는 직책을 내립니다.

장보고는 왕족이 아니기에 스스로 왕이 될 수 없었습니다. 그래서 자신의 딸을 문성왕의 왕비로 만들려고 했죠. 그러나 귀족들의 반대에 부딪히죠. 아버지인 장보고가 아무리 부와 권력과 군사를 가졌다고 한들 섬에서 온 미천한 집안 출신의 딸을 왕비로 삼을 수는 없다고요. 《삼국사기》에는 장보고가 청해진에서 반란을 일으키자 중앙에서 군대를 파견해 죽였다고 나와 있죠. 하지만 여러 정황상 장보고의 부하 염장을 부추겨 자고 있던 장보고를 죽인 것으로 추측됩니다. 상황이 이렇다 보니 정치인 장보고를 기억하는 사람은 거의 없죠.

이정민 크누트 대왕의 최후는 어땠나요?

이원복 크누트는 1035년 나이 마흔에 사망합니다. 그에게 아들이 셋 있었는데, 공교롭게도 아들마저 셋 다 단명을 하죠. 크누트가 북해를 중심으로 광대한 지역에 걸쳐 제국을 건설했지만, 그가 죽고 15년도 채 지나지 않아서 제국은 완전히 와해되고 말았습니다. 크누트 시절 유럽을 호령했던 덴마크는 다시는 그러한 힘을 갖지 못했어요. 이후 유럽은 대륙 국가들을 중심으로 움직이게 되었습니다.

이정민 장보고는 미천한 출신이지만 오로지 자신의 능력으로 동아시아 무역을 장악하여 해신이 되었습니다. 그리고 크누트는 북해 제국을 건설함으로써 해상 세력으로서 최고의 권세를 누렸습니다. 하지만 장보고는 왕위에 욕심을 내다 죽음에 이르렀고, 크누트는 지하에서 자신의 제국이 허망하게 무너지는 모습을 지켜봐야 했습니다. 권력을 가지고 바다를 누비던 두 인물을 통해 인생을 살아가는 데 포부와 욕심의 경계가 어디인지 다시 한 번 생각해보게 됩니다.

구국의 영웅

서희·강감찬 vs 카를 마르텔

한국사		세계사
	688	**카를 마르텔,** 프랑크 왕국 피핀 2세의 서자로 출생
(대조영, 발해 건국)	698	
	710	(사라센, 북아프리카 정복)
	711	(사라센, 이베리아 반도 정복 시작)
	714	피핀 2세가 죽자 쿠데타를 일으켜 궁재가 됨
		(사라센, 이베리아 반도 점령)
	718	바이에른 정벌
(혜초, 《왕오천축국전》 지음)	727	
	730	(사라센, 에스파냐 영토의 대부분을 점령)
	732	투르-푸아티에 전투에서 사라센의 이슬람군 격퇴
	741	사망
	⋮	
(왕건, 고려 건국)	918	
(발해, 거란에 의해 멸망)	926	
서희, 출생	942	
강감찬, 출생	948	
(고려 광종 즉위)	949	
서희, 광평원외랑을 거쳐 내의시랑이 됨	960	(송, 중국 통일)
강감찬, 예부시랑이 됨	983	
(거란의 1차 침입)	993	
서희, 거란 소손녕과 담판		
강동 6주 획득		
	995	(크누트 대왕 출생)
서희 사망	998	
	1002	(신성 로마 제국, 하인리히 2세 즉위)
(목종 폐하고 현종 즉위)	1009	
(거란의 2차 침입)	1010	
(거란의 3차 침입) 강감찬, 홍화진전투 승리	1018	
귀주대첩	1019	
벼슬에서 물러남		
강감찬 사망	1031	

993년 거란의 소손녕이 80만 대군을 이끌고 고려를 침입하자, 서희 장군이 소손녕과 담판을 지어 순순히 물러가게 합니다. 그 후 2차, 3차로 계속된 거란의 침략에 맞서 선봉에서 적군을 초전박살 낸 장수가 바로 강감찬입니다. 그리고 그보다 200여 년 앞서 프랑크 왕국에는 이슬람 제국의 침략으로부터 나라를 지킨 영웅이 있었습니다. 카를 마르텔이 그 주인공인데요. 이민족의 침략으로부터 나라를 지킨 영웅들을 만나보겠습니다.

한국사와 세계사를 대표하는 구국 영웅

이정민 세계사를 대표하는 구국 영웅이 많을 텐데, 그중에서도 카를 마르텔을 꼽은 이유가 뭔가요?

이원복 카를 마르텔이 없었다면 지금 파리와 런던에는 교회 대신 이슬람 사원이 세워져 있고 유럽인들은《성경》대신《코란》을 읽고 있을 겁니다. 732년 투르-푸아티에 전투에서 카를 마르텔이 이슬람 사라센 군대를 격파하지 않았더라면 에스파냐에서 넘어온 이슬람 세력이 유럽 전체를 휩쓸었을 가능성이 크죠. 그래서 유럽인들 사이에서는 카를 마르텔이 영웅으로 추앙받고 있습니다.

'마르텔'은 망치라는 뜻인데, 자신을 가로막는 것이 있으면 그것이 무엇이든 누구든 상관하지 않고 때려 부순다는 의미에서 붙은 별명이죠. 카를은 부왕 피핀 2세와 노예 출신 어머니 사이에서 태어난 서자입니다. 자신의 동생과 함께 아버지로부터 업신여김을 받으며 모든 권력 구도에서 배제되었어요. 심지어 피핀 2세는 마르텔 형제에게 절대로 권력을 넘기지 말라는 당부와 함께 자신의 부인을 후견인으로 지정하고 적통 손자에게 왕위를 물려주라는 유언을 남깁니다. 하지만 카를 마르텔은 아버지가 죽자마자, 모든 장애물을 제거하고 실질적인 힘을 가진 궁재의 자리에 오릅니다. 강력한 왕권이 자리를 잡지 않은 7, 8세기 유럽에서 왕은 왕실의 정통성을 잇는 역할이 더 컸고, 궁궐을 관장하는 궁재가 실권을 가지는 경우가 많았거든요.

이정민 한국사를 대표하는 구국 영웅은 서희와 강감찬 장군인데요, 왜 서희는 외교관이 아니고 장군인가요?

신병주 서희는 문관 출신이 맞습니다. 하지만 거란의 1차 침입 때 외교 담판으로 큰 공을 세워서 장군이라고도 칭합니다. 본관이 이천이라서 고려시대 인물임에도 묘가 여주시 산북면에 남아 있죠. 이건 굉장히 드문 경우예요. 개경(지금의 개성)이 고려의 수도였기 때문에 임시 수도였던 강화를 제외하고는 남한에서 고려 시대의 유적지를 찾아보기가 어렵거든요.

강감찬도 과거에 급제한 문관 출신입니다. 몸집도 작고 생김새도 볼품없어서 중국 사신을 맞이할 때 키 크고 잘생긴 선비를 대역으로 삼았다고 해요. 그런데 송의 사신이 잘생긴 선비에게는 가짜라고 말한 뒤, 별과 같은 기운이 느껴지는 건 이쪽이라면서 실제 강감찬에게 다가가 엎드려 절을 했다는 일화가 있습니다.

그때 프랑크 왕국과 고려는?

이정민 카를 마르텔이 활약한 당시 프랑크 왕국의 상황은 어땠나요?

이원복 카를 마르텔은 688년에 태어나 741년까지 살았는데, 이 시기 유럽 사회에 가장 큰 변수로 작용한 것은 이슬람 세력의 침입입니다. 711년 이슬람은 영토를 확장하고 세력을 확대하면서 북아프리카에서 지브롤터 해협을 건너 에스파냐를 침입합니다. 에스파냐 서남부 안달루시아 지방에 도착한 이슬람 세력은 아름다운 자연과 비옥한 토지에 감탄하죠. 사막이 펼쳐진 북아프리카에 있다가 기후도 햇볕도 하늘도 바다도 좋은 안달루시아로 왔으니 얼마나 놀라웠겠어요. 이슬람 세력은 안달루시아에 정착하고 나서 춥고 비가 많은 북쪽 끝과 대서양이 있는 서쪽 끝으로는 가지 않고, 동북쪽으로 치고 올라갑니다. 에스파냐와 프랑스 사이에 있는 피레네 산맥을 넘어 프랑스까지 쳐들어가죠.

732년 투르-푸아티에에서 두 세력이 맞부딪쳐 카를 마르텔이 이슬람 사라센 군대를 격퇴합니다. 유럽사에서는 이 전투를 두고 이슬람을 막아낸 대전투로 기억하며 카를 마르텔을 유럽을 구한 영웅으로 기록하고 있습니다만, 과장된 측면이 많습니다. 사실 이 전투에서 만난 사라센 군대는 카를 마르텔에게는 늘 마주하던 외적의 하나일 뿐입니다. 카를 마르텔이 평생 한 일이 외적을 물리치고 프랑크 왕국의 영토를 넓힌 것이거든요. 또한 카를 마르텔에 패한 이슬람 군대가 다시는 피레네 산맥 너머를 넘보지 않은 이유는 에스파냐 서쪽이나 북쪽과 마찬가지로 기후 때문이었어요. 막상 와 보니 이곳 역시 춥고 비가 많은 지역이기 때문에 굳이 전쟁을 벌여가며 차지하고 싶지 않았던 거죠. 그래서 프랑스 남부 마르세유나 이탈리아 남부, 그리고 시칠리아 섬 쪽으로 방향을 바꿉니다.

카를 마르텔은 끊임없이 영토를 확장해나가요. 주변의 작은 나라를 정복하고 또 아우스트라시아, 네우스트리아, 부르군트 같은 분국들을 프랑크 왕국으로 흡수하는 일에 평생을 바쳤어요. 그 덕분에 아들 피핀 3세는 카롤링거 왕조를 열 수 있었고, 손자는 그 유명한 샤를마뉴가 될 수 있었던 거죠. 샤를마뉴는 샤를 대제, 카를 대제, 카롤루스 대제 등으로도 불리죠. 샤를마뉴 시대에 이르면 프랑크 왕국은 흔들리지 않는 반석 위에 올라 중부 유럽을 호령하게 됩니다. 하지만 샤를마뉴가 죽고 843년 베르됭 조약을 기점으로 독일, 프랑스, 이탈리아 3국으로 분열되면서 지금의 유럽 모습이 나타납니다.

이정민 서희와 강감찬이 활약할 당시의 고려는 어땠나요?

신병주 고려 시대는 우리 역사에서 이민족의 침입이 가장 많았던 시기입니다. 초기에는 거란족, 중기에는 여진족, 후기에는 몽골족, 말기에는 왜구와 홍건적까지 침입을 했으니까요. 서희와 강감찬을 비롯해 윤관, 최무선 그리고 조선을 건국한 이성계까지 고려 시대를 대표하는 인물 대부분이 장군인 것도 이 때문이죠.

이민족의 침입은 국제 정세와 관련이 깊습니다. 고려가 막 건국되었을 무렵, 중국에서는 5대 10국 시대에 거란족이 요를 세웁니다. 이슬람 세력이 그랬듯, 거란족도 더 따뜻하고 비옥한 지역을 찾아 중국 대륙으로 남하하면서 926년에 발해를 무너뜨립니다. 그 여세를 몰아서 협상을 하려고 고려의 태조 왕건을 찾아옵니다. 중국 대륙을 침략하는 데 고려가 배후의 복병으로 작용할지 모르니까 화친을 맺고자 한 거죠. 거란은 그 상징으로 낙타를 보냈는데, 왕건은 발해를 멸망시킨 오랑캐가 보낸 것이라며 낙타를 굶겨 죽입니다. 왕건은 거란의 요는 금수의 나라이니 절대 교류하지 말라는 유언을 남기기까지 했어요. 평화 협상이 결렬되자 거란은 호시탐탐 고려를 노립니다. 960년에 송이 중국을 통일합니다. 송과 고려의 관계가 상당히 우호적이었기 때문에 거란은 더더욱 걱정이 됐겠죠. 993년 소손녕의 지휘 아래 거란이 고려를 쳐들어옵니다.

'망치' 카를 마르텔의 통치 스타일

이정민 카를 마르텔의 집권 과정은 어땠나요?

이원복 부왕 피핀 2세의 유언으로 권력 서열에서 조카에게 밀려날 위기에 놓이자, 카를 마르텔은 동생들과 조카들을 다 죽이고 쿠데타로 집권합니다. 이후에도 카를 마르텔에게 맞선 상대들은 거침없이 도륙을 당합니다. 사실 도끼를 들고 우악스럽게 덤비는 게르만족이 너무 야만적이어서 프랑크 왕국에 쳐들어간 사라센 군대는 문화적 충격에 빠질 정도였죠. 당시에 이미 상당히 발전된 문명을 바탕으로 세련된 문화를 향유한 이슬람은 기마 민족답게 기마병도 있고, 화살을 쏘는 궁병에 긴 창을 던지는 투창병까지 갖추고 있었거든요. 이에 비해 프랑크 군대는 무거운 갑옷을 걸치고 두꺼운 방패와 도끼를 들고 화살이 빗발치는 가운데 이슬람군에게 달려들었습니다. 죽고 죽고 또 죽어도 앞으로 밀고 나갑니다. 더 무시무시한 것은 그 무지막지한

와중에도 일사불란하다는 겁니다. 지휘관이 죽으라면 죽고 전진하라면 전진하고 멈추라면 멈춰요. 게르만족의 특성인 상명하복이 여실히 드러나는 대목이죠. 이슬람 군대의 화살과 창이 다 떨어지면 프랑크 군대의 도륙이 시작됩니다. 이슬람 군대는 투르-푸아티에 전투 이후로 다시는 이 무지막지하고 야만적인 게르만족과 싸우고 싶지 않았을 겁니다. 그 선봉장이 바로 카를 마르텔이었고요.

하지만 이런 카를 마르텔도 틀어쥔 권력을 유지하기 위해 회유책을 씁니다. 그 대상이 성직자였어요. 전쟁이 끝나면 전리품이며 영토를 아낌없이 교회와 성직자에게 하사합니다. 대신 성직자 임명권을 요구했죠. 그렇게 임명된 성직자는 죽을 때까지 카를 마르텔에게 충성할 수밖에요. 이 대목에서 독일의 전통인 국가교회주의의 싹이 엿보이기도 합니다.

이정민 카를 마르텔의 외교 능력은 어땠나요?

이원복 '망치'라는 별칭처럼 외교보다는 무력으로 해결하는 편이었지만 시스템을 구축하는 능력은 뛰어났어요. 게르만 사회의 조직 구조는 여러 계급으로 나뉘었어요. 장군 밑에 부장군, 그 밑에 다시 부부장군, 또 밑에 부사관, 밑에 병사 이런 식으로요. 여기에 200여 년 전 로마 제국의 귀족제 방식을 접목합니다. 다단계 조직 구조를 기반으로 하되 전쟁에서 거둔 성과에 따라 포상으로 귀족 작위를 주는 거죠. 이를 두고 봉건제의 효시라고 보는 견해도 있습니다. 적군에게는 무자비한 폭군이었지만, 열심히 싸운 부하에게는 상을 내릴 줄 아는 현명한 지휘관이었고, 필요하다면 혜택을 주어 성직자를 포섭할 줄도 아는 정치가였던 겁니다.

세 치 혀로 나라를 구하다

이정민 서희 장군과 강감찬 장군의 입신 과정도 들어볼까요?

신병주 둘 다 문관 출신이죠. 서희 장군이 942년생이고 강감찬 장군이 948년생이니까 나이 차이는 크지 않습니다. 서희는 993년 거란의 1차 침입 때, 강감찬은 1018년 3차 침입 때 활약을 했어요. 50대에 출정한 서희도 적은 나이가 아니었는데, 강감찬은 70대의 연로한 나이였음에도 총사령관으로 출정해 큰 승리를 거두죠. 서희는 명문가에서 태어나 책임 의식이 강한 분위기에서 성장했고, 부친 서필도 대쪽 재상으로 명망이 높았습니다. 강감찬은 수에서 고구려로 귀화한 장군 강이식의 후손입니다. 부친 강궁진은 고려 건국에 이바지한 개국 공신입니다. 서른다섯이라는 늦은 나이에 장원급제를 하죠. 뒤늦게 관직에 진출했지만 노년까지 승승장구합니다. 강감찬의 생애를 보면 이른 나이에 시험에 합격하지 못하거나 취직하지 못했다고 해서 낙심할 일은 아니라는 생각이 듭니다.

이정민 그 유명한 서희의 외교 담판에 대해 구체적으로 알아볼까요?

신병주 당시 거란의 장군은 소손녕이었죠. 참고로 중국의 소씨 장군들은 한반도를 쳐들어오면 다 졌습니다. 3차 침입 때 귀주대첩에서 대패한 장군은 소배압이고, 661년 고구려의 평양성 공격에 실패한 당의 장군은 소정방이었거든요.(웃음) 소손녕의 지휘하에 대규모 군대가 고려로 옵니다. 서희는 중군사(中軍使) 임무를 맡고 국경인 압록강에서 거란군과 대치 중에 "우리 거란이 천하를 통일했다"로 시작하는 편지를 받습니다. 당시 거란은 송의 일부까지 압박할 정도로 강성했기 때문에 기고만장했죠.

그런 거란과 화친을 맺고 평양 이북을 넘겨주자는 것이 고려의 중론이었어요. 하지만 서희는 거란이 고려에 으름장을 놓는 의도를 간파하고 있었어요. 거란이 고려와 우호적인 관계를 맺고 송 침략에 온 힘을 쏟고 싶어 했기 때문에, 우호적인 관계가 보장되면 쉽사리 물러나리라는 것을 말이죠. 서희는 송에 하듯 거란에도 일정량의 조공을 바치겠다고 약조합니다. 다만 압록강변의 여진 때문에 그동안 조빙(朝聘)하기가 어려웠다는 점을 강조하고 거란에 인사를 가려면 옛 땅 강동 6주에서 여진을 몰아내고 그 땅을 고려가 차지해야 한다고 주장합니다. 소손녕의 입장에서도 잃을 게 없는 제안이었죠. 거란 입장에서 강동 6주는 관리하기에 골치만 아프지 별로 중요한 지역이 아니었으니까요. 서희의 담판은 정말 뛰어난 식견과 탁월한 언변으로 철군을 약속받은 것으로 우리 역사에서 두고두고 가장 뛰어난 외교 협상으로 손꼽힙니다.

이정민 그런데 이후에 2차, 3차에 걸쳐 거란이 다시 고려를 침략하는 이유는 무엇인가요?

신병주 1010년 강조라는 인물이 고려의 목종을 죽이고 현종을 추대합니다. 스스로를 고려의 상국으로 여기고 있던 거란은, 정변을 일으켜 자신과 우호적이었던 왕을 죽인 강조를 응징하겠다며 2차 침입을 벌입니다. 사실 내정 간섭이죠. 이 침입으로 개경이 함락되고, 현종은 나주까지 피신을 갑니다. 현종이 직접 거란 왕을 알현하기로 약속하고서야 거란은 군대를 거둬요. 그런데 현종이 병을 핑계로 약속을 어깁니다. 그래서 1018년 소배압이 10만 대군을 이끌고 3차 침입을 했고, 이때 강감찬이 맹활약을 펼칩니다.

이정민 강감찬 장군 하면 귀주대첩이죠?

신병주 강감찬은 거란의 침공을 예상하고 이미 군사력을 확보하고 있었습니다. 귀주대첩이 3차 침입 시기의 가장 큰 승전입니다만, 그 외에도 여러 전투가 있었어요. 지금의 평안도 지역 흥화진에서 강감찬은 강물을 소가죽으로 연결해서 막은 뒤, 거란군이 당도하자 가죽을 벗깁니다. 급류에 휩쓸린 거란군이 거의 전멸했는데, 이를 흥화진전투라 부르죠. 소배압 군대는 개경 침공을 멈추지 않았지만 강감찬 부대가 맹렬하게 반격하자 결국 퇴각을 결정합니다. 귀주대첩은 퇴각하는 거란군을 몰살시킨 전투예요. 압록강으로 가는 길목에 위치한 귀주에서 바람의 방향이 바뀌길 기다렸다가 바람이 거란군을 향해 불기 시작하자 활공세를 펼칩니다. 이에 거란군은 혼비백산 북으로 도망쳤고, 고려군은 이를 놓치지 않고 추격전을 벌였습니다. 결국 소배압의 10만 대군 중 살아서 돌아간 자가 수천밖에 안 된다고 하죠. 소배압도 갑옷과 무기를 버리고 압록강을 헤엄쳐서 겨우 달아났다고 합니다. 이에 거란의 성종이 너무 화가 난 나머지 소배압의 낯가죽을 벗겨버리겠다며 이를 갈았다고 합니다. 반면 고려에서는 일흔이 넘은 노장이 개경으로 돌아오자, 현종이 금으로 만든 하사품을 강감찬에게 직접 꽂아주었다고 합니다.

역사의 전환점을 만든 영웅

이정민 귀주대첩이 동북아 정세에 미친 영향이 크다면서요?

신병주 당시 거란은 세계적인 강대국인 송마저도 막대한 양의 은과 비단을 보낼 정도로 강성했습니다. 동북아 최강국이었죠. 그런 거란의 입장에서 보자면, 고려라는 조그만 나라가 겁도 없이 까부는 거죠. 그래서 군대를 보냈는데, 그 거란의 10만 대군이 고려에 참패했어요. 그 당혹감은 이루 말할 수가 없었겠죠. 그래서인지 이후 거란은 동북아의 패권을 여진에 빼앗깁니다. 또한 고려의 입장에서도 방어책의 필요성을 절감하는 계기가 되었죠. 압록강 입구에서 도련포에 이르는 천리장성을 쌓고 거란이 다시는 침입하지 못하도록 합니다. 이러한 의미에서 강감찬이 고구려의 을지문덕, 조선의 이순신과 함께 구국의 영웅으로 칭송받는 것입니다.

이원복 카를 마르텔은 결과적으로 유럽을 이슬람으로부터 지켜내고 프랑크 왕국을 반석 위에 올려서, 그 손자인 샤를마뉴가 에스파냐와의 접경인 피레네 산맥에서부터 폴란드까지 거대한 영토를 다스릴 수 있는 기반을 마련해주었다는 점에서 높은 평가를 받고 있습니다. 또한 유럽이 지금의 모습을 갖추게 된 계기를 마련하기도 했고요.

이정민 서희와 강감찬, 그리고 카를 마르텔은 아시아와 유럽 역사의 전환점을 만든 영웅이기도 하네요. 뛰어난 전략과 용기로 이민족의 침략으로부터 나라를 구한 이들처럼 영웅이라 불릴 수 있는 인물이 더 많이 나타나기를 기대해봅니다.

백성을 가엾게 여긴 성군

세종 vs 앙리 4세

한국사		세계사
세종, 이방원의 아들로 출생	1397	
(이방원, 태종으로 즉위)	1400	
	1405	(정화, 1차 남해 원정 출발)
(태조 이성계 사망)	1408	
조선 4대 왕으로 즉위	1418	
집현전 설치		
	1431	(잔 다르크, 화형에 처해짐)
자격루 제작	1434	
훈민정음 창제	1443	
훈민정음 반포	1446	(구텐베르크, 금속활자 인쇄술 창안)
소헌왕후 사망		
사망 (조선, 문종 즉위)	1450	
	⋮	
	1553	**앙리 4세,** 나바르 왕국에서 출생
		(잉글랜드, 메리 1세 즉위)
	1558	(잉글랜드, 엘리자베스 1세 즉위)
(임꺽정의 난)	1559	(앙리 2세 사망)
	1562	(프랑스, 위그노 전쟁 발발)
	1572	프랑스의 마르그리트 드 발루아와 결혼
		성 바르톨로메오 축일의 대학살로 궁정에 감금됨
	1574	(앙리 3세 즉위)
	1576	탈출 후 신교 군대를 이끌고 위그노 전쟁에 참가
	1589	앙리 4세로 즉위 (부르봉 왕조 시작)
(임진왜란 발발)	1592	
	1593	신교에서 구교로 개종
	1598	낭트 칙령으로 위그노 전쟁 종결
	1599	마르그리트 드 발루아와 이혼
	1600	이탈리아의 마리아 데 메디치와 재혼
		(잉글랜드, 동인도회사 설립)
	1604	(잉글랜드, 제임스 1세 즉위로 스튜어트 왕조 시작)
(경기도에서 대동법 실시)	1608	
	1610	구교도에게 암살당함 (루이 13세 즉위)

"나랏말싸미 듕귁에 달아 문짜와로 서르 사맛디 아니할쎄." 학창 시절 한번쯤 외우고 되뇌던 구절입니다. 세종대왕이 훈민정음을 만든 이유죠. 우리나라 말이 한자와 달라 백성들이 마음껏 쓰거나 읽지 못하자 세종은 그 모습을 불쌍히 여겨 모든 백성이 쉽게 익히고 편히 사용할 수 있는 우리만의 글자를 만들었습니다. 서양에도 세종 못지않게 백성을 위했던 왕이 있었으니 백성들의 풍족한 식탁을 위해서라면 어떤 신을 믿어도 상관없다며 긴 종교 전쟁을 끝낸 앙리 4세가 그 주인공입니다. 조선과 프랑스 두 나라에서 최고의 성군이라 불리는 세종과 앙리 4세를 만나보겠습니다.

"모든 백성이 일요일마다 닭고기를 먹게 해주겠다"

이정민 한국사와 세계사를 대표하는 최고의 성군. 그중에 한국사 대표는 백성을 위해 나랏말을 만든 세종대왕입니다. 어떤 분인지 소개해주시죠.

신병주 세종대왕은 글자를 만든 왕이라는 점에서 세계사를 통틀어 보더라도 아주 이례적인 인물입니다. 조선의 네 번째 왕으로, 재위 동안 한글 창제를 비롯해 과학, 경제, 국방, 예술, 문화 등 많은 분야에서 엄청난 업적을 남겼어요. 천체의 운행을 가늠하는 천문시계 혼천의와 물시계 자격루 등을 만들었죠. 또 4군 6진을 개척해 지금의 한반도 국경을 정비했고요. 집현전을 두어 유능한 인재를 양성했습니다. 세종대왕이 이룬 업적을 살피고 있자면 한 사람이 이렇게 다방면에 걸쳐 많은 업적을 남길 수 있을까 싶을 정도예요. 세종대왕은 대한민국 국민이 가장 사랑하고 존경하는 인물로 꼽히고 있습니다.

세종은 태종 이방원의 셋째 아들입니다. 사실 이방원은 이복동생은 물론 조선 건국의 주역인 정도전과 충신의 대명사인 정몽주를 포함해서 많은 사람을 죽인 인물입니다. 그럼에도 신의 한 수 덕분에 비난을 면했죠. 바로 셋째인 충녕대군을 후계자로 지목한 것입니다. 충녕대군의 형이자 태종의 장자인 양녕대군은 무려 14년을 세자로 지냈습니다. 하지만 품성과 학문적 능력이 뛰어난 셋째를 알아본 태종은 과감하게 양녕대군을 세자에서 폐위시켜요.

충녕대군의 즉위는 사람을 볼 줄 아는 안목과 과감한 결단력을 지닌 아버지 태종의 작품이었습니다. 1418년 세종이 조선의 제4대 왕으로 등극하는데, 이것이야말로 조선 역사에서 가장 중요한 전환점이라고 생각합니다. 만약 세종이 왕이 되지 않았더라면 우리가 알고 있는 조선이라는 나라는 성립되지 않았을 것입니다.

이정민 세계사를 대표하는 성군은 누가 있을까요?

이원복 프랑스의 앙리 4세를 꼽을 수 있습니다. 앙리 4세는 장남이기는 했으나, 선왕 앙리 3세와 무려 22촌 간이었기 때문에 왕이 될 가능성은 거의 없었습니다. 하지만 부르봉 왕가 최초의 왕이 된 이후 신교도에게 종교의 자유를 허용하는 '낭트 칙령'을 발표해 위그노 전쟁을 종식시키고 나라를 안정시켰습니다. 피폐했던 국가 경제를 진작시킨 앙리 4세는 "신께서 허락하신다면 나는 내 왕국의 모든 백성이 일요일마다 닭고기를 먹게 하겠다"라는 말로도 유명하죠. 신의 소속이 신교냐 구교냐를 따지기보다 모든 백성이 잘 먹을 수 있도록 애썼다는 것을 알 수 있습니다.

우여곡절 끝에 성군의 길로

이정민 앙리 4세에 대해 좀 더 자세히 소개해주세요.

이원복 앙리 4세는 프랑스와 에스파냐의 국경 지역에 있는 나바라 왕국의 왕자로 태어났습니다. 앙리가 태어난 1500년대 중반에는 종교개혁 이후 신교와 구교의 갈등이 첨예했어요. 돈 많은 사람도 천국에 갈 수 있다고 하니, 상공업자를 비롯해 부자들 대부분이 신교로 개종합니다. 구교도인 왕과 기득권 세력은 이를 못마땅하게 여겼고요. 이들 사이에서 끊임없이 분쟁이 일어납니다. 앙리 2세는 신교도를 탄압하면서도 분쟁을 중재하고자 구교도인 딸 마르그리트 드 발루아를 신교도인 앙리 드 나바라와 혼인시켜요. 앙리 2세의 뒤를 이은 프랑수아 2세와 샤를 9세, 앙리 3세 모두 후사가 없이 죽는 바람에 마르그리트가 왕위 계승 1순위가 됩니다. 하지만 오직 남자만이 왕위를 계승하도록 명문화한 살리카 법에 의해 앙리 드 나바라가 졸지에 앙리 4세로 등극합니다.

앙리 4세는 왕위에 오르기까지 세 번이나 개종해야 했을 정도로 파란을 겪었어요. 마르그리트와 앙리 드 나바라의 결혼이 구교와 신교의 만남인 만큼, 1578년 8월 18일 결혼식에 하객으로 참석하기 위해 양쪽 신자들이 파리로 몰려들었습니다. 종교적 평화를 위한 잔치였으나, 며칠 뒤인 8월 24일 성 바르톨로메오 축일에 대학살이 벌어집니다. 24일 자정을 알리는 종소리가 전국 교회에서 울려 퍼지자, 가톨릭 신자들이 개신교도들을 향해 무자비한 살육을 시작했죠. 10월까지 계속된 이 학살로 죽은 신교도가 파리에서만 3,000명이 넘고 전국적으로는 3만

명에서 7만 명에 이른다고 해요. 이날 이후 개신교 교회에서는 성 바르톨로메오 축일에 종을 울리지 않는다고 합니다.

이날 구교도들에게 포로로 잡힌 앙리 드 나바라는 신교에서 구교로 개종을 합니다. 이후 4년간 감금되었다가 본국으로 탈출해 신교로 개종한 뒤, 자신을 괴롭힌 구교 세력과 계속 전쟁을 벌입니다. 그 와중에 왕위 계승자로 지목되자 고민 끝에 왕이 되기 위해 다시 구교로 개종하죠. 천신만고 끝에 왕위에 오른 앙리 4세는 구교와 신교의 종교 전쟁을 끝내야만 치세도 가능하다고 판단하고 낭트 칙령을 발표합니다. 모두에게 종교의 자유를 선포하는 한편 100개 도시에 신교도를 보호하기 위한 안전지대를 설치합니다.

이정민 세종이 즉위할 당시 조선의 상황은 어땠나요?

신병주 세종 즉위년인 1418년은 조선이 한창 자리를 잡아나가던 때입니다. 특이하게도 아버지 태종은 아들 세종에게 왕위를 물려주고 자신은 상왕이 되지요. 당시 대마도를 거점으로 삼은 왜구의 침범이 잦았는데, 상왕인 태종이 직접 대마도 정벌을 지시하여 왜구를 격퇴했습니다. 한반도 남쪽이 안정을 찾은 덕분에 세종은 북쪽 국경 수비에 만전을 기할 수 있었죠. 김종서와 최윤덕을 보내 압록강과 두만강 유역에 자주 출몰하는 여진족에 강경하게 대응하고, 4군 6진을 개척했습니다. 명에 대해서는 사대 외교를 펼치죠. 큰 나라를 섬긴다는 어감 때문에 무조건 부정적으로 여기는 사람들이 많은데, 명에 대한 사대 외교란 경제·군사·문화 방면에서 명과 나누는 친밀한 교류 정도로 이해하면 될 것 같습니다. 나라의 기틀을 세우고 내부적으로 업적을 쌓기 위해서는 나라 밖의 정세 역시 안정되어야 하기에 세종은 국외 정세에도 신경을 많이 썼어요.

또한 아버지 태종은 외척 중에서 정치적 야심이 보이는 인물을 모두 제거함으로써 아들 세종이 안정적으로 치세할 수 있도록 왕권을 다져놓았습니다. 세종은 아버지가 강화해둔 왕권을 함부로 휘두르지 않고, 신권을 존중하며 광범위한 분야에서 신하들과 의견을 나누었습니다. 창조적인 업적을 이룩할 수 있는 대내외적인 기반을 마련했던 것이죠. 그만큼 나라가 안정되었음은 말할 것도 없고요.

이정민 그야말로 태평성대였네요. 그런데 앙리 4세는 즉위한 뒤 한동안은 왕으로 인정받지 못했다면서요?

이원복 로마 가톨릭교회 연맹과 프랑스의 수도 파리에서 앙리 4세를 왕으로 인정하지 않았습니다. '세 앙리의 전쟁'이라고도 불리는, 앙리 3세에서 앙리 4세로 왕권이 넘어오는 과정을 보면 그럴 만도 합니다. 앙리 3세는 재위 동안 야심만만한 앙리 드 기즈 공작과 사이가 좋지 않았습니다. 둘 다 구교도였지만 과격파인 기즈 공작은 왕을 답답해했고, 앙리 3세는 왕권을 노리는 기즈 공작 때문에 불안해했어요. 결국 앙리 3세가 앙리 드 기즈 공작을 암살합니다. 그러자 구교도의 과격파가 앙리 3세를 암살하죠. 세 앙리의 싸움에서 두 앙리가 죽고 앙리 드 나바라만 남습니다. 가톨릭 국가의 가톨릭 도시에서 신교도인 왕권 계승자만 살아남은 거죠. 파리 시민이든 귀족이든 그 누구도 앙리 드 나바라를 인정하지 않았어요. 뿐만 아니라 앙리가 파리로 들어오는 것조차 용납하지 않았습니다. 결국 앙리는 "파리는 (종교를 바꿔서라도) 가질 가치가 충분하다"는 선언과 함께 가톨릭으로 개종하고 대관식을 올립니다.

ㄱ ㄴ ㄷ ㄹ ㅁ
ㅂ ㅅ ㅇ ㅈ ㅊ
ㅋ ㅌ ㅍ ㅎ ·

신병주 실권을 가진 아버지가 살아 있는 상태에서 왕이 된 세종도 쉽지는 않았을 겁니다. 아버지인 태종도 왕위에 올랐을 때 형 정종이 상왕이었죠. 심지어 아버지 태조도 태상왕으로 살아 있었고요. 하지만 태종이 권력을 잡으면서 상왕과 태상왕은 사실상 허수아비나 다름없었기 때문에 세종과는 경우가 달랐죠. 세종은 태종이 권력의 정점에 있는 상황에서 왕위를 물려받았으니까요. 태종은 양위 후에도 병조와 관련한 일만큼은 직접 보고를 받겠다고 했는데, 병조참판 강상인이 세종에게 보고한 사실을 알고는 강상인을 처형합니다. 이 과정에서 세종의 장인 심온이 거론되자 태종은 심온마저 처단합니다. 심지어 심온의 아내는 노비로 삼았고요. 세종도 즉위 직후에는 숨을 죽일 수밖에 없었죠.

이정민 세종대왕과 앙리 4세는 개인사도 비슷한 점이 많았던 것 같은데, 두 사람 다 슬하에 자식이 많았죠?

신병주 소헌왕후 심씨는 세종이 왕이 되는 순간부터 개인적으로는 불운이 닥쳤습니다. 아버지 심온이 시아버지의 손에 처형되고 어머니는 노비로 전락했으니까요. 그래선지 소헌왕후는 불교에 심취합니다. 세종과의 사이에 8남 2녀를 둔 것을 보면 세종과 금슬이 좋았던 듯해요. 세종대왕은 후궁과의 사이까지 포함해서 모두 18남 4녀를 두었습니다. 다들 아시다시피 문종, 세조, 수양대군, 안평대군, 금성대군 등 세종의 자녀가 다 내로라한 인물들이었죠.

조선에서는 후궁을 아홉까지 둘 수 있었어요. 왕의 여성 편력이라기보다는 왕실의 후사를 잇기 위한 노력의 일환으로 해석하는 것이 좋겠네요. 조선 전기의 왕들이 후기 왕들에 비해 출산율이 압도적으로 높은 것을 보면 특히나 조선 전기의 왕들은 왕실을 안정시켜야 한다는 의무감이 강했던 것 같아요. 참고로 정종은 17남 8녀를, 성종은 16남 12녀를 생산했죠. 그래도 왕자 생산율에서는 세종대왕이 단연 1위입니다.

물론 18남 4녀 중에서 일찍 떠나보낸 자식도 있어요. 첫째이자 맏딸인 정소공주가 세상을 떠났을 때는, 대식가인 세종이 식음을 전폐할 정도로 슬퍼했다고 합니다. 재위 후반엔 다섯째 아들인 광평대군과 일곱째 아들인 평원대군이 요절했고요. 1446년 소헌왕후가 세상을 떴을 땐 세종도 심정적으로 위축되었던 것 같습니다. 말년엔 세자빈 문제로 골치를 앓기도 했어요. 문종이 왕세자였던 시절, 첫 번째 부인이 민간요법을 동원해 신발을 태운 재를 세자에게 먹이려다가 발각되어 쫓겨났죠. 두 번째 부인은 동성애 문제로 쫓겨났고요.

이원복 앙리 4세 역시 정부만 무려 50여 명을 두었으니 만만찮았어요. 훗날 루이 13세가 되는 아들을 비롯해 13남을 두었습니다. 두 번 결혼했지만, 바람둥이였던 탓인지 부인 둘과는 모두 사이가 나빴어요.

나랏말싸미 듕귁에 달아

이정민 세종대왕의 업적은 일일이 꼽을 수 없을 정도로 많은데요, 그중에서도 제일은 한글 창제가 아닐까 싶습니다. 그런데 훈민정음의 창제 과정이나 시기에 대한 기록은 별로 남아 있지 않다면서요?

신병주 명과의 관계가 중요했기 때문에 철저하게 비밀 프로젝트로 진행되었습니다. 사대 외교를 맺고 있던 상황에서 조선은 전형적으로 중국 문화권 안에 있는 나라였습니다. 그러한 조선이 독자적인 문자를 만든다는 것은 명의 입장에서는 심기가 불편한 일이거든요. 자신들의 세력권에서 벗어나는 것과 마찬가지니까요. 그렇다 보니 세종은 최측근 몇몇과 왕자와 공주 들 정도만 동원해서 비밀리에 진행할 수밖에 없었죠. 과거에는 신숙주와 박팽년, 정인지, 성삼문 같은 집현전 학자를 중심으로 창제했을 것이라는 의견이 주도적이었지만 그들이 주축이 되었다면 집현전 부제학 최만리가 모를 리가 없었을 것입니다. 최근 연구에서는 중국과의 외교 문제까지 의식한 세종이 입단속을 위해 자신의 주도 아래 왕실 사람을 동원했을 가능성에 더 무게를 싣고 있습니다. 《조선왕조실록》에도 "훈민정음이 창제되었다", "반포되었다"는 정도만 언급되어 있을 정도니까요.

이정민 하지만 훈민정음을 창제한 이유만큼은 서문에서 분명히 밝힌 바 있죠.

신병주 세계 어느 문자에서도 그 유례를 찾기 어려운데, 세종은 한글이라는 문자의 존재 이유를 명확하게 밝혔습니다.

> 나랏말싸미 듕귁에 달아
> 문짜와로 서르 사맛디 아니할쎄
> 이런 젼차로 어린 백셩이
> 니르고져 홇배 이셔도
> 마침내 제뜨들 시러
> 펴디 몯홇 노미 하니라

내 이를 위하야 어엿비 너겨
새로 스물여덟 짜를 맹가노니
사람마다 해여 수비 니겨
날로 쑤메 뼌한케 하고져
핧 따라미니라

나라의 말이 중국과 다르다는 첫 문구에서, 자주적인 글자가 필요함을 강조했죠. 어리석은 백성이 말하고 싶은 바가 있어도 자신의 뜻을 제대로 드러내지 못하는 경우가 많으니, 이를 불쌍히 여겨 스물여덟 자의 새로운 글자를 만드니 쉽게 배우고 편하게 쓰기를 바라는 마음을 담았다고 말합니다. 지혜로운 사람은 아침 나절에도 이해가 가능하고, 아둔한 사람이라도 열흘이면 충분히 배울 수 있으니 한글은 정말 그 의도대로 배우기 쉽고 쓰기 쉬운 글자임이 틀림없습니다. 휴대전화로 문자를 작성하다 보면 세종대왕이 21세기 정보화 시대를 예견한 것이 아닐까 싶을 정도로 한글의 우수성을 절감합니다. 한자로 보내야 한다고 생각해보세요. '용(龍)' 한 글자를 쓰기도 어려울 겁니다. 심지어 획수가 많은 한자 중에는 '용'자가 네 개로 이루어진 글자도 있거든요.

이정민 그렇게 백성을 위하는 세종대왕의 뜻을 받들고, 한글의 우수성을 기리기 위해 제정된 날이 한글날인데요, 처음 제정될 당시에는 한글날이 아니었다면서요?

신병주 "가갸거겨" 하면서 한글을 배우기 시작하기 때문에 처음에는 '가갸날'이라고 불렀어요. 국어학자 주시경 선생이 "하나밖에 없는 으뜸가는 글자"라는 의미에서 '한글'이라 이름을 붙인 뒤

1928년부터 '한글날'로 불렸습니다.

그런데 또 한글날을 언제로 정하느냐를 두고 의견이 분분했어요. 《조선왕조실록》에 따르면 음력 9월 20일은 《훈민정음》이 책자로 완성된 날이고, 음력 9월 29일은 완성된 《훈민정음》이 반포된 날이죠. 처음에는 음력 9월 20일을 기념일로 정했다가 음력이 번거로웠는지 다음엔 음력 9월 29일을 양력으로 바꿔 10월 29일을 기념일로 정했어요. 그러다 1940년 7월, 우리 문화재 보호에 많은 기여를 한 간송 전형필 선생이 《훈민정음 해례본》을 구합니다. 그런데 이 책 〈서문〉에 9월 상한에 한글을 창제했다고 기록되어 있었습니다. 상한이란 1일부터 10일까지의 기간을 가리키는데, 그 가운데 10일을 기준으로 삼아 양력으로 환산해 10월 9일을 최종 '한글날'로 정했습니다.

이정민 앙리 4세의 가장 큰 업적은 무엇일까요?

이원복 경제 부흥입니다. 앙리 4세가 즉위하기 전까지 프랑스는 30년도 넘게 종교 전쟁을 치렀어요. 나라 전체가 피폐할 수밖에 없었습니다. 산업도 농업도 다 망가진 상태였죠. 앙리 4세는 경제를 살리기 위해 나바라 왕국 출신의 쉴리 공작, 즉 막시밀리앙 드 베튄을 재상으로 기용합니다.

왕이든 지도자든 자신이 다 안다고 생각해서 모든 분야를 진두지휘하려고 하면 좋은 결과를 얻기 어렵습니다. 한 분야를 전문적으로 도맡을 수 있는 유능한 인재를 발탁하는 게 중요한 역할인데, 앙리 4세는 그러한 왕의 소임을 알고 있었던 것 같아요. 쉴리 공작이야말로 최고의 경제 각료였거든요.

쉴리 공작은 국가의 재정을 정비해서 적자 재정을 흑자로 바꾸어놓았습니다. 농민의 세는 줄이고 귀족의 세는 늘렸어요. 또

직물 산업과 유리 공업 등을 진흥했습니다. 토지와 산림을 관리하고 도로와 운하를 건설했습니다. 캐나다의 퀘벡을 해외 식민지로 개발한 사람도 바로 이 쉴리 공작이죠.

앙리 4세는 민정시찰을 많이 한 것으로도 유명한데, 너무도 궁핍한 백성의 삶을 보고 충격을 받았던 모양입니다. 그는 자신의 백성을 곤궁함에서 벗어나게 하는 것을 제일의 목표로 삼았습니다. 앞에서도 언급했지만, 일요일만이라도 백성들이 닭고기를 먹게끔 하겠다고 다짐한 거죠. 그리고 그 꿈을 이뤄냈고요. 지금도 프랑스에서는 일요일에 닭고기를 먹는 가정이 많습니다. 또한 어느 마을에 가건 마을 한가운데에 닭 모형이 있죠. 앙리 4세의 백성을 향한 마음이 지금까지도 프랑스인들의 가슴 속에 남아 있는 것 같아요.

고통받는 백성들을 내 몸처럼 여긴 성군

이정민 세종대왕과 앙리 4세의 말년은 어땠나요?

신병주 세종대왕은 건강이 좋지 않아서 고생을 많이 했습니다. 《세종실록》에 따르면 30대 초반부터 13년간 소갈증으로 고생했다고 합니다. 풍병이나 종기 등의 질병에 대한 기록이 50여 건에 달합니다. 특히 시력에 문제가 생겨서 말년에는 앞을 거의 보지 못했다고 합니다. 1450년 우리 나이로 쉰넷에 승하합니다. 우리 역사에서 문과 무를 대표하는 두 영웅, 광화문 광장에 서 있는 세종대왕과 이순신 장군 모두 공교롭게도 쉰넷에 사망해서, 우리 역사 최고의 인물을 따라다니는 '쉰네 살의 징크스'라고 말하는 호사가들도 있습니다.

그럼에도 무수한 업적을 남길 수 있었던 데에는 세자 시절의 문종의 역할이 컸습니다. 세종대왕에 가려서 잘 알려지지 않았지만, 문종은 29년 동안 세자로 있으면서 아버지 세종을 꼭 빼닮은 모습을 보였습니다. 독서광에 학업도 출중하고 성품도 어진 왕세자가 아버지를 굉장히 잘 보필했던 것이죠. 세종의 대표적인 발명품인 측우기도 세자 향, 즉 문종이 추진했다는 기록도 있습니다. 어려서부터 효심이 지극했던 세자 향은 부모가 좋아한다고 하여 궁궐에 앵두나무를 심었다고 해요. 커서도 병석에 누워 있는 아버지의 음식을 직접 챙겼다고 하고요.

이원복 앙리 4세는 쉰일곱 살에 암살을 당합니다. 살면서 세 번이나 개종한 앙리 4세는 죽는 순간까지도 종교가 문제였어요. 구교와 신교 모두에 적을 만든 셈이었죠. 왕이 된 이후 무려 열일곱 차례나 암살 위협을 당했지만 다행히 그때마다 목숨을 건졌습니다. 하지만 1610년 5월 14일, 열여덟 번째 암살 시도에서는 목숨을 구하지 못했죠. 당시 파리의 도로가 굉장히 좁아서 마차가 서로 얽히는 경우가 많았다고 해요. 그날도 앞에 교통사고가 나서 앙리 4세가 탄 마차가 빠져나가지 못하고 있었는데 그 틈을 타 마차에 오른 가톨릭 광신자의 칼을 맞고 숨집니다.

앙리 4세는 사후에 굉장히 비참했어요. 절대왕정의 표상인 부르봉 왕조를 연 시조라는 이유 때문에, 혁명기를 맞아 1793년에 무덤이 파헤쳐지고 머리가 잘린 채 버려졌습니다. 방부 처리가 잘되어 있었는지, 누구의 것인지도 모른 채 잘린 머리만 민간 소장가들 사이에서 거래되어왔습니다. 그러던 중 2010년 레몽 푸앵카레 대학병원의 법의학 연구팀에서 이 유해가 앙리 4

세의 유골로 추정된다고 발표했어요. 200년이 넘도록 여기저기를 떠돌다가, 죽은 지 400여 년 만인 2011년 생드니 성당에 안치되었습니다.

신병주 세종 역시 사후에 왕릉 조성과 관련해 시련을 겪습니다. 조선의 왕들은 대개 죽고 나서 아버지의 능 옆에 묻히기를 바랍니다. 세종도 아버지 태종 곁에 묻히고자 했고, 실제로도 내곡동에 위치한 태종의 묘인 헌릉 옆에 세종의 능이 조성됩니다. 그런데 당시 풍수가들이 "여기에 무덤을 쓰면 장자가 일찍 죽는다"는 불길한 예언을 남기죠. 실제로 문종도, 단종도, 세조의 아들 의경세자도 요절합니다. 이러한 징크스가 계속되자 예종 대에 이르러 결국 세종의 능을 경기도 여주로 옮깁니다.

이정민 가끔 상상을 하곤 합니다. 만약 그때, 세종대왕이 한글을 만들지 않았다면 우리는 지금 어떻게 살고 있을까요? 아마 천자문을 외우느라 머리에 쥐가 났을 것 같기도 하구요, 글을 못 읽어서 피해를 보는 사람들도 많이 생기지 않을까요? 프랑스 역시 앙리 4세가 없었다면 끊임없는 종교전쟁으로 피바람이 그치지 않았을 테구요, 신교도와 구교도의 갈등 사이에서 백성들은 새우등이 터졌을지 모릅니다. 그러고 보면 세종대왕과 앙리 4세가 있었기에 당시의 백성들은 물론이고 지금의 우리들도 전혀 다른 세상에서 살고 있는 게 아닐까 싶습니다. 무지와 굶주림에 고통받는 백성들을 내 몸처럼 가엾게 여긴 두 성군이 있었기에 조선과 프랑스의 빛나는 문화가 탄생될 수 있었을 테구요. 백성을 귀하게 여기는 마음, 그것이 바로 우리가 바라는 리더의 덕목이 아닐까 생각해봅니다.

최악의 폭군

연산군 vs 네로·이반 4세

한국사		세계사
(고구려, 낙랑을 멸함)	37	**네로,** 출생
	41	(클라우디우스 황제 즉위)
(김수로, 금관가야 건국)	42	
	49	어머니 아그리피나와 클라우디우스의 혼인으로 클라우디우스의 양자가 됨
	54	클라우디우스 황제 사망하자 즉위
	55	의붓동생 브리타니쿠스 독살
	59	어머지 아그리피나 살해
	62	아내 옥타비아 살해
	64	로마 대화재 발생
		기독교 박해 시작
(신라, 국호를 계림으로 고침)	65	스승 세네카를 자살케 함
	68	민심을 잃고 로마를 탈출, 자살
	⋮	
연산군, 성종과 폐비 윤씨의 맏아들로 출생	1476	
(폐비 윤씨 사사)	1482	
세자로 책봉됨	1483	
조선 10대 왕으로 즉위	1494	
무오사화	1498	(바스코 다 가마, 인도 도착)
폐비 윤씨를 제헌왕후로 추존	1504	
갑자사화		
(인수대비 사망)		
조정 관리들에게 신언패를 차게 함	1505	
(중종반정) 폐위되어 강화도로 유배, 병사	1506	
	⋮	
	1530	**이반 4세,** 출생
	1533	아버지 바실리 3세가 사망하자 이반 4세로 즉위
	1547	공식적으로 차르라 칭함
		로마노프 가문의 아나스타샤와 혼인
	1552	카잔 칸국 합병
	1565	공포정치 시작, 귀족 탄압
	1567	
(선조 즉위)	1581	아들 바실리 왕자 죽임
	1584	뇌출혈로 사망

1494년 조선의 아홉 번째 왕 성종이 이런 유언을 남깁니다. "앞으로 100년 동안 폐비 윤씨의 일을 거론하지 말라." 그러나 불과 10년 만에 폐비 윤씨의 죽음이 그 아들에게 전해지고, 조정과 왕실에는 피바람이 붑니다. 그 아들이 바로 조선의 열 번째 왕 연산군입니다. 연산군은 어머니의 복수를 시작하면서 역사상 최악의 폭군이 됩니다. 한편, 지구 건너편 로마에서는 자신의 어머니를 죽이고 그 죄책감에 폭군이 된 네로와 조선의 연산군처럼 어머니에 대한 트라우마로 폭정을 휘두른 이반 4세가 있었습니다. 한 개인의 슬픈 역사가 세상을 얼마나 아프게 하고 망가뜨릴 수 있는지 그 역사의 현장을 돌아보겠습니다.

폭군이란 무엇인가?

이정민 먼저 폭군의 정의부터 짚어볼까요?

이원복 폭군에는 거칠거나 폭력적인 군주, 외설적인 군주 등 여러 모습이 있는 것 같습니다. 군주라면 모름지기 권력의 속성상 자비로울 때도 있고 잔인해야 할 때도 있고 다양한 모습이 필요한데, 누구를 폭군이다 성군이다 하는 것은 종잇장 한 장 차이인 것 같아요.

폭군을 뜻하는 영어 'tyrant'는 그리스어 'tyrannos'에서 유래했어요. 원래는 폭군이 아니라 '참주'라는 뜻입니다. 그리스에서 민주주의가 탄생했지만, 당시에는 귀족만을 위한 민주주의였어요. 귀족들끼리 협의해서 의사를 결정했는데, 시간이 지나면서 힘이 센 귀족이 생기기 시작했단 말입니다. 그 힘센 귀족 몇

몇이 권력을 독점했고 이것이 점차 군주제로 바뀌게 되는 거죠. 이때 권력을 독점한 귀족을 참주라고 부릅니다. 권력을 독점하고 전횡하는 사람을 일컫게 되다 보니 'tyrannos'가 '폭군'의 어원이 된 것이죠.

신병주 한자로 본다면 '사나울·흉악할 폭(暴)' 자를 쓰니까 신하나 백성에 대해 독재 정치를 하고 폭정을 일삼는 통치자가 폭군에 해당하죠. 조선 시대 폭군은 특히나 '쫓겨난 왕'을 지칭합니다. 왕을 쫓아낸 세력의 입장에서도 폭군이라서 쫓아냈다고 해야 정당성을 확보할 수 있었겠죠.

연산군과 광해군이 대표적인 폭군입니다. 기록에 따르면 연산군은 전형적인 폭군의 면모를 보여주고 있어요. 하지만 광해군의 경우는 좀 억울할 것도 같아요. 그래서 《조선왕조실록》에서도 어두울 '혼(昏)' 자를 써서 '혼군(昏君)' 또는 '혼주(昏主)'란 표현을 많이 썼습니다. 판단을 잘 못했다는 거죠. 하지만 여기에도 비판적인 입장이 담겨 있죠. 조선 시대 승리자의 관점에서 본다면 연산군이나 광해군은 폭군이었다, 라고 해야 자신들이 일으킨 반정의 명분을 세울 수 있죠. 또 왕의 호칭인 '조(祖)'나 '종(宗)' 대신 왕자의 호칭인 '군(君)'을 부여한 것도 당시에 이미 판단을 끝냈다는 것을 의미합니다.

이원복 서양사에서 손꼽는 폭군으로는 고대 로마의 네로 황제와 16세기 러시아의 이반 4세가 있습니다. 네로 황제의 경우 혼군이나 폭군의 기질이 있었지만, 그가 폭군으로 불린 데에는 종교적인 이유도 있어요. 기독교를 박해한 최초의 군주였기 때문에 기독교 중심인 중세의 관점에서 보면 지극히 폭군이었던 거죠.

신병주 아주 어렸을 때 네로가 폭군이라는 말을 하도 많이 듣다 보니까 '검은 고양이 네로'마저도 험악해 보이더라고요.

이원복 이탈리아어로 네로는 검정이란 뜻이에요.

이정민 신병주 교수님을 비롯해서 네로 황제에 대한 부정적인 이미지 때문에 영향을 받으셨던 분들, 검은 고양이 네로는 그저 검은 색이어서 네로라고 불렸다는 사실을 이제는 아셨죠?(웃음)

폭군의 대명사

이정민 말씀하셨듯이 한국사에서 유명한 폭군은 역시 연산군이 아닐까 싶은데요. 그 외에 폭군이라 할 만한 인물로 누가 있을까요?

신병주 연산군은 드라마나 영화에 자주 등장하죠. 단골 소재로 쓰이면서 폭군 이미지가 과장되게 그려진 면도 있어요. 백제의 개로왕이나 신라의 진지왕같이 시대마다 그 시대를 대표하는 폭군이 있습니다. 후고구려를 세운 궁예도 왕위에서 쫓겨나죠.

이원복 폭군으로 치자면 서양에도 이루 말할 수 없이 많죠. 네로 황제나 이반 4세 외에도 많아요. 어떻게 보면 긍정적인 평가를 받는 왕들도 폭군적인 요소가 많아요. 예컨대 태양왕 루이 14세는 평생을 전쟁에 휩쓸려 살았거든요. 그런가 하면 나폴레옹은 사람을 얼마나 많이 죽였어요? 위대한 황제의 모습 뒤에는 엄청난 살상이 있었고, 절대 왕권을 가졌단 이야기는 그만큼 음해와 폭력도 서슴지 않았다는 뜻이거든요. 왕은 아니었지만 잉글랜드의 올리버 크롬웰도 폭군이었다 할 수 있어요.

신병주 중국 역사에서 폭군을 꼽으라면 많은 사람이 진시황을 떠올릴 겁니다. '분서갱유(焚書坑儒)'라고 해서 수많은 유학자를 구덩이에 파묻어서 죽였으니까요. 당시까지 전해온 책도 같이 묻어버렸잖아요.
중국 역사상 가장 혼란했던 전국시대를 통일한 진시황은 '내가 바로 첫 번째 황제'라는 의미에서 스스로를 '시황제(始皇帝)'로 칭했습니다. '전국칠웅(戰國七雄)'이라 불린, 진(秦)·초(楚)·연(燕)·한(韓)·제(齊)·위(魏)·조(趙) 일곱 나라가 서로 패권을 다툰 전국시대를 기원전 221년에 진시황이 통일합니다. 하지만 얼마 지나지 않아 기원전 206년에 진시황도 죽고 통일제국 진도 얼마 뒤 멸망하죠. 진시황의 역사는 고작 15년 남짓밖에 되지 않지만, 중국사나 세계사에 미친 그의 영향력은 지금도 이어지고 있습니다. 호화와 사치의 대명사로 불리는 '아방궁'이나 자신의 사후를 지키기 위해 무수한 토용을 빚어 묻은 '진시황릉 병마용갱' 등이 워낙 강렬한 인상을 심어주었기 때문일 겁니다.

이원복 100만 명을 동원해 만리장성도 쌓았죠. 얼마나 많은 사람이 죽었겠어요.

신병주 참 아이러니한 것은 만리장성이 결국은 중국을 대표하는 관광지가 되었다는 점이죠.

이정민 민중의 눈물과 희생의 대가로 말이죠. 그런 진시황처럼 폭군이라고까지 이야기하기엔 과하지만, 성군이라고도 할 수 없는 왕이 한국사에도 많았죠?

신병주 네. 선조가 아들은 전쟁터에 내보내고 정작 자신은 의주로 피란을 갔잖아요. 정묘호란과 병자호란을 치른 인조도 결코 성군이라고 할 수가 없죠. 원인이 무엇이든 간에 이런 큰 전쟁이 일어나면 백성들이 힘들어지는데, 한 나라의 지도자라면 전쟁을 일으키면 안 된다는 이야기죠.

이정민 인간적으로 안타까운 폭군으로는 누굴 꼽을 수 있을까요?

이원복 모든 폭군은 인간적으로 안타깝죠. 이들에게 한순간의 통쾌함은 있었을지 몰라도 그 최후는 그야말로 비극적이기 때문에, 역사에 오명을 남긴 군주는 모두 안타까운 존재라 생각됩니다.

신병주 우리 역사에서 백제를 멸망케 한 마지막 왕인 의자왕도 참 억울한 경우입니다. 백제의 멸망이라고 하면 흔히 삼천궁녀나 간신이 판을 치는 모습을 떠올리고, 계백 장군은 미화하는 반면에 의자왕은 폭군으로 몰아가죠. 하지만 실제로 의자왕은 백제의 중흥을 위해 상당히 노력했거든요. 또 조선에는 왕으로 인정조차 받지 못한 광해군이 있죠. 광해군은 개혁 정치에 앞장서는가 하면, 특히 외교 분야에서 뛰어난 자질을 보였는데도 인조반정으로 쫓겨나 평가절하되었어요. 그나마 최근 들어 재조명되고 있어서 다행입니다.

이원복 마찬가지로 네로도 기독교를 박해한 최초의 로마 황제이기 때문에 더더욱 폭군의 대명사로 자리매김되었습니다. 이후 약 1,000년 동안 박해를 당한 기독교에서 보면 네로는 두고두고 원망할 수밖에 없는 영원한 적인 거죠.

"흥청들을 싣고 뱃놀이를 즐겼다"

이정민 연산군의 경우 본인은 물론이고 후궁인 장녹수, 할머니인 인수대비, 심지어 연산군을 모시던 내시 김처선의 이야기까지 드라마나 영화에서 자주 다뤄졌죠. 그래서 많이들 알고 있겠지만 좀 더 소개해주세요.

신병주 연산군은 1476년 아버지 성종과 폐비 윤씨 사이에서 태어났습니다. 폐비 윤씨는 원래 성종의 후궁이었어요. 성종의 첫 왕비이자 한명회의 딸로도 유명한 공혜왕후 한씨가 죽자 계비가 된 거죠. 당시에는 왕비가 죽으면 외부에서 계비를 맞이하지 않고 후궁들 중에서 간택했습니다.

이정민 그러면 중전의 목숨이 위태했겠어요. 그 자리를 노리는 사람들이 많았을 테니까요.

신병주 그런 측면도 있겠지만 외부에서 들이는 사람은 검증이 미흡하다는 이유로 후궁들 중에서 채택하는 방식을 취했죠. 후궁이라면 이미 성격 등은 충분히 파악했다고 여긴 거예요. 요즘으로 치면 인턴을 정규직 사원으로 채용하는 거죠. 폐비 윤씨는 연산군 때 잠시 제헌왕후로 추존이 되기도 합니다. 연산군도 재위 초기에는 비교적 무난한 삶을 누렸는데, 어머니의 죽음에 대해 알고 난 후부터 결정적으로 달라집니다.

이정민 연산군은 무고한 사람들의 목숨을 빼앗은 왕으로 유명하지 않습니까?

신병주 그렇죠. 어머니의 죽음과 연관됐다는 이유로 아버지의 후궁들, 그러니까 자신에게는 계모나 다름없는 사람들을 무자비하게 죽입니다. 어미에게 자루를 뒤집어씌운 다음 그 아들들을 불러 때리게 합니다. 정말 잔인하죠? 이때 여러 잔인한 처형 방법이 동원되는데, 손바닥을 뚫는 천장(穿掌), 죽은 사람의 뼈를 부수는 쇄골(碎骨), 그 뼛가루를 바람에 날리는 표풍(飄風) 등이 《연산군일기》에 기록되어 있습니다.

이정민 죽은 사람을 한 번 더 벌하는 거네요. 그 한과 분노가 얼마나 크면 그렇게까지 표출했을까 싶은데, 연산군도 처음부터 그렇게 폭군은 아니었다면서요?

신병주 어릴 적에는 글씨도 잘 쓰고 공부도 곧잘 했다고 해요. 다만 어릴 때 아버지가 무척 아끼던 사슴을 화살로 쏴 죽인 일이 있다는 기록 등을 들어 이미 어릴 때부터 잔인성이 나타났다고 보는 견해도 있습니다. 어찌 됐든 연산군은 왕이 되고 나서 국방을 강화하려는 노력을 많이 했어요. 당시 가장 문제시되었던 북방의 건주 지역에 흩어져 살던 여진족과 남방의 왜구를 토벌했습니다. 또 상평창(常平倉)이나 진제창(賑濟倉)처럼 가난한 백성을 구제하는 기관을 설치하기도 했죠. 연산군을 무조건 악의 화신이라고 몰아붙일 수는 없어요.

이정민 그렇다면 연산군은 어떻게 어머니 폐비 윤씨의 이야기를 듣게 되었나요?

신병주 성종이 폐비 윤씨에게 사약을 내리면서 이를 절대 세자에게 알려서는 안 된다고 신하들에게 엄명을 내립니다. 어쩌면 아들의 성격을 알고 있었던 건지도 모르겠어요. 연산군이 가만 있지 않으리라는 걸요. 그런데 이 판도라의 상자를 연 사람이 나타나죠. 바로 연산군의 측근인 임사홍입니다. 임사홍은 폐비 윤씨의 편에서 이야기를 전했을 겁니다. 정말 좋은 분이었는데 신하들의 참소로 사약을 받았다는 식으로 말이죠.

임사홍의 발언은 갑자사화의 발단이 됩니다. 16세기를 '사화(士禍)의 시대'라고 하는데, 이 무렵에만 두 번의 사화가 일어납니다. 1498년에 일어난 무오사화 그리고 연산군의 생모 폐비 윤씨의 죽음이 밝혀지면서 1504년에 일어난 갑자사화가 여기에 해당하죠. 임사홍이 폐비 윤씨의 죽음을 연산군에게 알린 것은 아무래도 권력 투쟁의 측면이 강합니다. 훈구파에 속했던 임사홍은 기본적으로 사림파를 견제하고, 훈구 세력 내에서도 경쟁자를 솎아내고 싶었던 거죠. 폐비 윤씨의 죽음과 연관된 신하 대부분이 사실 훈구 대신들이었거든요.

그런데 폐비 윤씨가 사약을 받고 죽은 것이 연산군이 여섯 살 때였으니 이미 연산군도 자신의 생모에 대해 알고는 있었으리라는 해석도 있습니다. 폐비 윤씨가 죽고 나서 계비로 들어온 정현왕후를 법적 어머니로 알고 살았어요. 그런데 연산군이 왕위에 오른 후 여러 기록을 보다가 폐비 윤씨에 대한 내용이 나오자 물었다고 해요. 임사홍이 고변하기 전에 이미 연산군이 폐비 윤씨의 존재를 알고 있었고, 자신에게 비판을 일삼는 신하들을 벼르고 있던 차에 정치판을 뒤집는 계기로 삼은 것이 아니냐는 해석입니다.

이정민 폐비 윤씨는 왜 그렇게 죽을 수밖에 없었나요?

신병주 시어머니 인수대비의 영향이 큽니다. 폐비 윤씨가 폐위된 이유가 투기를 일삼았다는 것과 성종의 후궁들을 죽이기 위해 비상을 가지고 있었다는 것, 그리고 결정적으로 성종의 얼굴에 상처를 냈다는 것이에요. 조선이 성리학 국가로 자리 잡기를 염원한 인수대비 입장에서는 용납할 수 없는 일이었죠. 사실 성리학적 이념이 강하지 않았던 조선 전기까지는 여성의 입지가 셌습니다. 유산 상속도 동등하게 받았고, 초기 왕자의 난들이 벌어질 때도 왕비들의 활약이 두드러지거든요. 폐비 윤씨는 성종보다 연상인 데다 조선 전기의 여성상에 가까웠던 데 반해, 시어머니 인수대비는 오히려 당시로서는 신여성으로서 성리학적 신념이 강했습니다. 아녀자들이 지켜야 할 덕목을 모아《내훈》을 집필했을 정도니까요. 이 책은《소학》,《열녀》,《명심보감》 등에서 본보기가 될 만한 내용을 추리고 인수대비 자신의 설명을 덧붙인 것입니다.

이정민 폭군이 되는 패턴도 대개 비슷한 것 같아요. 처음엔 정치를 열심히 하는 듯했는데 난폭하고 잔인하게 변하면서 주변 사람들을 해치거나 죽이죠. 그러다 향락과 쾌락에 빠지고요.

신병주 사치와 유흥, 쾌락, 음란이 주된 특징이죠. 연산군 시절 이 모든 것이 집약된 단어가 바로 '흥청(興淸)'입니다. 채홍사(採紅使)가 전국을 돌아다니며 미색이 고운 기생이나 여염집 여자들을 모아 운평이라 불렀고, 이들 중에서 몇 차례의 선발 과정을 통과한 여자들을 연산군의 기녀로 삼고 흥청이라고 칭했거든요. 이들을 불러 모아서 끊임없이 연회를 벌인 곳이 경복궁 경회루와 연못입니다. 《조선왕조실록》에도 "여기에 배를 띄워 흥청들을 싣고 뱃놀이를 즐겼다"고 나오죠. 심지어 횃불을 밝히고 밤 늦도록 놀았다고 해요. 사냥을 즐겼던 연산군은 궁궐 후원에 동물원을 만들기 위해 궁궐 담장 뒤편에 있는 민가를 다 허물어 버립니다. 그러니 밤낮 기생만 끼고 사치와 쾌락에 빠진 왕 때문에 나라가 망하게 생겼다는 흉흉한 소문이 백성들 사이에서 돌 수밖에요.

이정민 연일 흥청망청했으면 왕실 재정이 남아나지 않았을 텐데요.

신병주 당연히 경제적으로 힘들었죠. 전국의 기생들을 모으는 데도, 경회루에서 밤낮없이 잔치를 벌이는 데도, 사냥터를 만드는 데도 다 돈이 드니까요. 고스란히 백성의 부담으로 돌아갈 수밖에 없죠.

폭군들의 공통점으로 과시욕도 꼽을 수 있습니다. 진시황의 아방궁이나 만리장성, 운하 건설 등이 대표적인 예겠죠. 진시황

역시 자주 주연을 베풀었다고 합니다. 우리 역사에서는 신라의 진지왕이 있죠. 《삼국유사》에 따르면 "왕위에 올라 4년 만에 주색에 빠져 유흥으로 정사를 어지럽혀서 신하들이 폐위시켰다"고 해요. 또 고려 시대의 충혜왕도 무리하게 세금을 징수해 자신의 유흥을 즐기고, 백성들의 토지와 노비를 약탈해 왕실 창고에 귀속시켰다고 하거든요. 연산군 사례와도 닮아 있죠. 폭군으로 불리는 왕들은 하나같이 자신들의 사치와 향락이나 과시욕을 위해 백성들의 고혈을 빨아먹었습니다.

불타는 로마를 보며 시를 읊다

이정민 연산군과 비슷한 사연을 가진 또 다른 세계사 인물, 네로 황제는 그야말로 폭군의 대명사가 아닐까 싶습니다. 네로 황제도 처음에는 꽤 괜찮은 왕이었다고 하던데요?

이원복 네, 처음 5, 6년은 성군까지는 아니더라도 괜찮은 군주였어요. 네로가 황제가 되고 얼마 지나지 않아 사형 선고에 서명을 할 때, 눈물을 흘리면서 자신이 글을 쓸 줄 몰랐으면 얼마나 좋았겠느냐고 말했다고 해요. 그만큼 자비로운 사람이었던 거죠. 그리고 나라의 곳간을 풀어서 백성에게 나눠줬대요. 그런 그가 폭군이 된 가장 큰 이유는 이번에도 어머니입니다.

이정민 또 어머니 트라우마가 나오네요.

이원복 네, 부자지간에도 권력은 나누지 않는다고 하는데, 이번에는 어머니와 아들 사이에 권력 투쟁이 벌어집니다.

네로의 어머니 아그리피나는 결혼을 세 번 합니다. 두 번째 남편과의 사이에서 낳은 아들이 네로고요. 마흔아홉에 결혼한 세 번째 남편이 바로 클라우디우스 황제입니다. 십대 아들 네로를 둔 아그리피나와 네로보다 어린 아들과 딸을 둔 클라우디우스 황제가 재혼을 한 거죠. 권력욕이 강했던 아그리피나는 자신의 아들을 황제로 만들고자 클라우디우스의 딸 옥타비아와 혼인시킵니다. 근친혼 시비를 우려했던지, 먼저 옥타비아를 다른 귀족 가문에 양녀로 입양시키죠. 남편인 클라우디우스 황제를 독살하는 것도 서슴지 않은 어머니의 집념으로 네로는 클라우디우스의 친아들 브리타니쿠스를 제치고 열여섯 살에 황제의 자리에 오릅니다. 그리고 이때부터 비극이 시작됩니다. 황제인 네로와 그의 어머니 아그리피나의 권력 투쟁으로 양상이 바뀌거든요. 아들은 자신이 권력을 독점하고 싶어 하고, 어머니는 아들을 허수아비로 만들어서 권력을 가지려 해요.

결국 아그리피나는 아들의 손에 교살당하고 말아요. 권좌를 지키기 위해 생모도 죽인 네로는 의붓동생 브리타니쿠스도 죽입니다. 결국 네로는 모든 경쟁 대상을 죽이죠. 우리는 이해하기 힘든 이런 비정한 일들이 권력 세계에서는 비일비재합니다. 오스만 제국에서는 아예 관행적으로 형제 중 누군가가 술탄이 되면 나머지 형제들을 다 죽였잖아요.

신병주 광해군도 자신이 왕이 되고 나서 형인 임해군과 동생인 영창대군을 죽이죠. 권력 투쟁에서 형제들이 희생되는 사례가 많습니다.

이정민 네로 황제도 사치가 심했나요?

이원복 포악한 사람들 가운데 자칭 예술을 사랑한다고 하는 사람이 많아요. 예술이나 건축, 연극에 관심이 많았던 네로는 문화적으로 사치를 했어요. 자기 자신을 위대한 시인이라고 여겼고, 영화 〈쿠오바디스〉에도 나오지만 불타고 있는 로마 시내를 보면서 시를 읊었잖아요. 시상을 떠올리기 위해 네로가 불을 질렀다는 이야기도 있지만 이는 사실이 아닙니다. 기름 창고에 난 불이다 보니 로마 시내 14개 구 중에서 10개를 다 태울 정도로 규모가 컸어요. 왕이라면 현장을 살펴 대책을 마련하고, 이재민을 위로하고 구호 사업을 벌여야 하는데, 언덕에 올라 불길을 바라보며 시인 놀이나 했으니 백성들 입장에서 얼마나 얄미웠겠습니까. 네로가 불을 질렀다는 소문이 날 만도 하죠. 요즘으로 치면 참사 현장에 온 국회의원들이 사진만 찍고 돌아간 꼴이니까요. 백성들의 원성이 자자한 것을 감지한 네로는 그 원망을 대신할 희생양이 필요했습니다. 많은 기독교도가 사자에게 물려 죽거나 불에 타 죽는 등 '기독교 박해'가 이때부터 시작되었어요. 313년 콘스탄티누스 황제가 밀라노 칙령으로 기독교를 공인하기 전까지 잔혹한 박해는 계속되었습니다.

"저놈의 눈을 멀게 하라"

이정민 연산군이나 네로 황제와 달리 이반 4세는 상대적으로 우리에게 많이 알려져 있진 않은데요, 어떤 왕인가요?

이원복 폭군들을 보면 성장 과정에서 트라우마를 많이 겪은 것 같아요. 연산군도 어머니의 죽음이 트라우마로 남았듯이 이반 4세도 어린 시절의 트라우마에서 난폭함이 시작되었어요. 이반 4세는 세 살에 러시아 황제가 됩니다. 황제가 아무것도 모르는 철

부지니까 어머니 글린스카야가 섭정을 했는데 이때 권력에서 가장 소외되는 사람이 누구겠어요?

이정민 아버지 쪽 친척들이겠죠?

이원복 그렇죠. 글린스카야는 제일 먼저 남편의 동생들을 다 죽입니다. 그러고 나니 남은 귀족들 사이에서 권력 암투가 벌어져요. 결국 이반이 일곱 살 때 어머니가 귀족들에게 독살을 당합니다. 당시만 하더라도 왕권이 확실하게 자리를 잡지 못했죠. 친척도 어머니도 없는 일곱 살짜리 왕만 남았으니, 귀족들이 우리 중 누군가도 왕이 될 수 있지 않겠냐고 여긴 거죠. 귀족들이 이반 4세와 그의 남동생 유리를 어느 농가에 가둬버립니다. 황제가 쓰레기통을 뒤지며 연명했다고 상상해보세요. 게다가 이따금씩 이 두 형제를 궁중으로 불러들여 찌르고 때리며 고문을 합니다. 귀족들이 모여 고문을 즐긴 거죠.

이정민 이반 4세가 언젠가는 왕권을 잡을 거라는 걸 미처 예상하지 못했군요.

이원복 그렇죠. 그런데 이반은 열일곱에 친정을 시작하기 전까지 어떻게든 버텼어요.

이정민 어떻게 권력을 되찾았나요?

이원복 귀족들 사이에 권력 정리가 미처 안 된 틈을 파고들었습니다. 이반 4세가 친정에 들어간 그다음은 뻔하잖아요. 피바람이 불어닥쳤죠. 어려서 어머니는 독살당했고, 자신은 굶주리고 고문당하며 살았잖아요. 그 고통을 키우던 동물을 학대하는 방법으로 풀었어요. 고양이나 개를 성 위에서 떨어뜨려 죽이고, 찔러 죽였어요. 그야말로 사이코패스가 되어간 거죠. 정권을 잡고 권력을 쥐자 건잡을 수가 없었어요. 어느 날 신하들이 의견 다

툼을 벌이자 사나운 개들을 풀어서 물어 죽였다고 해요.

그럼에도 불구하고 이반 4세는 외교나 내정에서 큰일을 많이 했어요. 군사력을 키워 카잔 칸국과 아스트라한 칸국을 정복하고, 볼가 강의 지배권을 차지해 동방 진출의 거점을 획득하기도 했죠. 귀족들의 부패와 횡포를 비난하기도 하고 지방 제도를 개혁하기도 했고요. 대표적인 것이 바실리우스 성당을 건축한 일이죠. 모스크바 하면 사람들이 떠올리는 이 성당이 바로 이반 4세의 명령으로 지어진 것입니다.

이정민 제대로 하지 못하면 처형당할까 봐 무서워서라도 잘 만들었을 것 같아요.(웃음)

이원복 민간에 전하는 이런 설화도 있어요. 이 세상에서 가장 아름다운 성당을 만들라고 주문하기는 했지만, 너무 아름다운 결과물이 나오자 이반 4세도 감동했던 거예요. 그래서 건축가에게 물었습니다. "이런 아름다운 성당을 또 만들 수 있겠는가?" 그러자 긍지에 찬 건축가가 대답했죠. "그럼요. 얼마든지 더 만들 수 있습니다, 폐하." 그러자 이반이 말하길, "저놈의 눈을 멀게 해라! 다시는 이런 아름다운 건물을 지을 수 없도록." 물론 사실은 아니에요. 그 건축가가 나중에도 많은 성당을 지었거든요. 이런 이야기가 전해질 정도로 이반이 잔악했다는 거겠죠.

이정민 어쨌든 이반 4세는 어린 시절의 어려움을 딛고 왕으로 거듭나게 되는데요. 특히 사랑하는 여자를 만나면서부터 많이 달라졌다면서요?

이원복 잠깐 그랬죠. 열일곱 살에 로마노프 가문의 아나스타샤와 결혼을 해요. 이반 4세가 아나스타샤 앞에서만큼은 '귀여운 고양이'로 변했다고 해요. 하지만 그것도 얼마 가지 않았죠. 사랑하던 황후 아나스타샤가 요절하자 귀족들이 독살했다고 믿은 이반 4세는 포악하고 잔인한 성격을 드러내죠. 아나스타샤가 죽은 뒤 이반 4세는 계속 황후를 갈아치웠다는 기록도 있어요.

말년에 이르러서는 거의 광인이 됩니다. 어느 날 며느리, 그러니까 황태자의 부인이 너무 얇은 옷차림으로 궁중을 다니는 걸 보고는 지팡이로 마구 두들겨 팬 거예요. 요즘 말로 옷을 너무 야하게 입었다는 거죠. 그러니 황태자가 가만히 있었겠어요? 강력하게 항의했더니 이번엔 들고 있던 지팡이로 마구 때렸고 사흘 뒤에 아들도 죽고 맙니다. 그제서야 아들의 시체를 끌어안고 사흘을 통곡했다고 하는데, 이후 마지막 3년은 수도승으로 살다가 1584년 쉰넷의 나이로 고독과 고통 속에서 생을 마감하죠. 파란만장하고 비극적인 삶을 산 사람예요. 영화 〈폭군 이반〉을 통해서도 이반 4세의 삶을 엿볼 수 있어요.

신병주 러시아 동화에도 '바보 이반'이 나오잖아요. 그 이반하고는 다른 이반이죠?

이원복 러시아에서 이반은 굉장히 흔한 이름이에요. 우리나라의 철수와 비슷하죠.

"혀는 화의 문이다"

이정민 왕이 폭정을 저지를 때 보통 드라마에서는 "전하, 아니 되옵니다" 하며 신하들이 말리는데, 폭정을 말리는 신하가 없었나요?

이원복 물론 있었습니다. 네로 주변에만 보더라도 유명한 시인이자 정치가이자 웅변가였던 세네카가 있었어요. 네로가 어렸을 때 아그리피나가 에스파냐 출신의 지식인 세네카를 네로의 개인 교사로 채용합니다. 황제가 된 뒤에도 항상 곁에 두고 자문을 구했어요. 네로가 점점 교만해지고 과대망상이 심해지자 충언하기가 어려워져서 그렇잖아도 세네카가 고민이 많았는데, 황제 암살 음모에 연루되어 결국 자결하고 말았습니다.

신병주 연산군은 아예 제도적으로 언론을 탄압했습니다. 언론 삼사라고 해서 조선에는 사간원·사헌부·홍문관이 있었는데, 이 기관들을 폐지해요. 또 신하들이 아무 말도 못하게 하려고 삼갈 '신' 자에 말씀 '언' 자를 적은 신언패(愼言牌)를 차고 다니게 합니다. 여기에 "혀는 화의 문이다"라는 글귀까지 적혀 있었다고 하니, 연산군이 어느 정도로 탄압을 심하게 했는지 짐작하시겠죠. 그뿐만 아니라 연산군을 비방하는 벽보가 나붙자 백성들의 한글 사용을 금지해 비판의 목소리를 원천봉쇄합니다.

이원복 폭군 시대에 충언이 어려운 이유가 또 있습니다. 충언하기도 전에 간신들에게 제지를 당하죠. 폭군에게 아부하고 간언을 일삼으며 제 일신의 권력을 챙기는 사람들이 꼭 있거든요.

신병주 연산군 옆에는 내시 김자원이 있었죠. 이 사람은 연산군을 부추기고 충언하는 사람을 오히려 간신 취급했죠. 또 잘 알려진 임사홍이나 장녹수도 그런 인물이었죠.

이정민 그런 폭정 속에서 백성들의 삶은 또 얼마나 피폐했을까요.

이원복 네로가 집권했던 때는 로마 제국이 한창 흥하던 시기여서 경제적으로 부강했어요. 하지만 백성들은 가난했죠. 나라가 부강하다고 해봐야 권력자와 귀족 들이나 잘사는 것이지, 물자가 풍부하지 않다 보니 백성들은 왕이 누가 되든 가난했어요. 비교적 먹고살 만해진 것은 20세기 이후의 일입니다. 성군들의 시대라고 해서 백성이 모두 잘살지는 못했어요. 다만 폭군 시대보다는 덜 괴로웠겠죠. 성군이란 백성들이 최대한 덜 굶주리도록 노력한 왕이에요.

신병주 그렇습니다. 좋은 왕들이 보통 세제 개혁을 통해 백성들의 부담을 줄이려고 애썼죠. 세종은 전분육등법이나 연분구등법을 시행했고, 광해군은 대동법을 실시했고, 영조는 균역법을 마련했죠.

민심이 곧 천심

이정민 제 아무리 기세등등했던 폭군이라도 최후를 맞기 마련이죠.

신병주 1506년 중종반정이 일어나서 연산군이 최후를 맞게 됩니다. 한때는 측근이었더라도 한순간 연산군의 마음에 들지 않으면 봉변을 당하기 일쑤이다 보니, 가만히 앉아 있다가 당하느니 차라리 연산군을 제거하는 게 낫다는 분위기가 팽배했어요. 그 기류를 틈타 성희안과 박원종이 중종반정을 이끕니다. 박원종의 누이가 월산대군의 부인이었어요. 월산대군이 성종의 형님이니 월산대군의 부인이면 연산군에게 숙모뻘인데, 연산군이 그런 박씨를 범했고 박씨가 자결하고 맙니다. 이때 원한을 품은 박원종이 반정의 선봉에 선 거죠. 또 성희안은 이조참판을 지내는 동안 연산군을 비판하는 시를 썼다가 종9품으로 좌천됩니다. 차관으로 지내다가 9급 공무원이 된 셈이니 반발심이 컸겠죠.

이원복 민심이 천심이라는 걸 로마의 네로는 몰랐던 것 같아요. 화재사건 이후 백성들은 네로의 이름만 들어도 치를 떨 정도로 마음이 돌아섰습니다. 그리고 권력은 그 속성상 빈틈이 생기면 반드시 그 틈을 메우려는 사람이 나타나기 마련이죠. 네로를 증오하고 네로의 실정을 비난하는 목소리가 커지는 가운데 덕망 있는 장군을 초빙해서 네로의 판을 뒤집자는 세력이 생겨났어요. 로마 화재 사건이 일어난 지 얼마 지나지 않아서, 밖에서는 백성들이 아우성을 치고 있다고 하고 또 누군가는 군대를 이끌고 궁으로 쳐들어오는 중이라고 하니 네로가 고민에 빠집니다. 그러다 자결하기로 결심하는데, 그토록 무수한 사람을 죽였지만 정작 자신의 목을 찌르려니 손이 떨려서 주저하다가 자신의 마지막을 지켜준 여인의 힘을 빌려서 겨우 생을 마감할 수 있었다고 합니다.

신병주 연산군도 중종반정으로 폐위되어 유배된 지 두 달 만에 죽습니다. 워낙 사치와 향락을 일삼았던지라 좁은 곳에 갇혀 감시를 받으며 지내려니 견디기 힘들었겠죠. 기록에 따르면 풍토병으로 죽었다고 하지만 아무래도 스트레스로 병이 악화되지 않았나 싶습니다.

이정민 네로나 연산군 같은 왕들이 가지는 역사적 의미는 무엇일까요?

신병주 스스로 자신의 정권을 빨리 무너뜨렸다는 것이죠. 신하들이 반정을 일으키지 않습니까. 반정(反正)이라는 것은 바른 것으로 되돌린다는 의미잖아요. 조선의 역사에는 중종반정과 인조반정이 있었는데, 중국이나 일본에서는 반정이 없습니다. 반란을 일으킨 주모자가 스스로 왕이 되거든요. 하지만 조선의 반정은 신하들 스스로 왕이 되기 위해 일으킨 것이 아닙니다. 최고의 적임자를 찾아 왕위에 앉힌 다음 신하들은 각자 제자리로 돌아가는 거죠. 이러한 반정의 경험은 독재 군주는 신하와 백성의 힘으로 쫓겨난다는 것을 역사를 통해 보여주었어요. 조선은 왕권으로만 이뤄진 나라가 아니라, 왕권과 신권의 균형을 지향했음을 보여주는 것이기도 하고요.

이원복 카이사르가 암살되고 한동안 혼란을 겪은 로마는 아우구스투스를 초대 황제로 삼아 로마 제국을 건설한 뒤 네로가 5대 황제의 자리에 앉게 되죠. 즉 초기 로마 제국의 안정을 위해 어느 때보다도 극심한 권력 투쟁이 끊임없이 벌어지던 시기였어요. 그 덕분에 한 가정사가 비극적인 최후를 맞이한 거죠. 어머니는 아들을 황제로 만들기 위해 자신의 남편을 독살하고, 어머니는 황제가 된 아들의 손에 죽임을 당하고, 황제는 자신의 동생들마저 죽이고 인류사에 길이 남을 폭군이 되었으니까요. 자결로 생을 마감한 네로의 최후를 통해 민심이 떠난 왕은 존재할 수 없음을 새삼 깨닫게 됩니다. 민심이 곧 천심이죠.

이정민 누군가는 어머니의 죽음에 대한 복수심으로 폭정을 시작하고, 또 누군가는 어머니를 죽인 후유증으로 폭정을 시작하기도 합니다. 그리고 그 후에 벌어진 일들은 참혹하기 이를 데 없었습니다. 누군가는 어린 시절 트라우마로, 또 누군가는 성장하면서 갖게 된 증오와 분노로 인해 한 나라를 비탄에 빠뜨렸습니다. 이들의 어린 시절이 행복했다면 역사가 얼마나 달라졌을까 하는 생각을 해봅니다.

치명적 왕의 여자

장녹수 vs 바바라 파머

한국사		세계사
장녹수, 충청도 출생	?	
노예 신분으로 가노와 결혼했다가 기녀가 됨		
(연산군, 세자로 책봉됨)	1483	
	1485	(장미전쟁 종결. 튜더 왕조 시작됨)
	1492	(콜럼버스, 아메리카 대륙 도착)
(연산군 즉위)	1494	(피렌체, 메디치 가문 추방, 공화정 성립)
(무오사화)	1498	(바스코 다 가마, 인도 도착)
		(레오나르도 다빈치, 〈최후의 만찬〉 완성)
연산군에 의해 숙용이 됨	1503	
(갑자사화)	1504	
(연산군, 조정 관리들에게 신언패를 차게 함)	1505	
중종반정 때 참형	1506	(레오나르도 다빈치, 〈모나리자〉 완성)
(연산군 병사)		
	⋮	
	1640	**바바라 파머,** 출생
	1642	(청교도혁명 발발)
	1643	(태양왕 루이 14세 즉위)
	1648	(베스트팔렌 조약)
(효종 즉위)	1649	
	1651	(크롬웰, 〈항해조례〉 발표)
(현종 즉위)	1659	
	1660	**왕정복고. 찰스 2세 즉위**
	1672	**찰스 2세, 신앙의 자유 선언**
(숙종 즉위)	1674	
	1685	(제임스 2세 즉위)
	1687	(뉴턴, 만유인력의 법칙 발표)
	1688	(명예혁명)
	1709	**사망**

조선의 연산군 시대, 먹고살기 위해 시집도 여러 번 가고 자식까지 낳은 여자가 후궁으로 발탁돼 궁궐에 들어가는 일이 있었습니다. 그 여자는 서른이 넘은 나이에도 꽃다운 열여섯 소녀로 보일 만큼 최강의 동안 미녀였고, 그 미모를 무기로 왕을 쥐락펴락하더니 왕의 광기와 악행을 부추기며 자신의 욕망을 채웠습니다. 바로 연산군의 여자, 장녹수가 그 주인공입니다. 또 시대는 다르지만 영국에도 장녹수와 꼭 닮은 왕의 여자가 있었습니다. 17세기 잉글랜드를 떠들썩하게 했던 스캔들의 주인공이자 바람둥이 왕 찰스 2세의 마음을 좌지우지했던 천하의 요물, 바바라 파머입니다.

조선의 후궁, 잉글랜드의 정부

이정민 조선과 잉글랜드의 역사에서 최악의 정부로 손꼽히는 장녹수와 바바라 파머를 만나보겠습니다. 최악의 요부로 손가락질 받았던 두 사람이에요.

이원복 이번 주제는 '팜므 파탈'이라고 할 수 있겠네요. 치명적인 매력으로 남성을 파멸로 이끈 여자죠. 살로메, 트로이의 헬렌, 그리고 판도라. 현실에서는 클레오파트라가 대표적이고 최근으로 오면 마타 하리가 떠오르죠. 또 가상의 이야기지만 영화 〈원초적 본능〉에서 샤론 스톤이 연기한 바로 그 주인공이 팜므 파탈입니다. 장녹수와 바바라 파머가 치명적인 매력과 독설을 겸비한 전형적인 팜므 파탈이겠죠. 단지 아름답기만 한 것이 아니라 남성을 꼼짝할 수 없게 만들었으니까요.

이정민 그래서인지 '왕의 여자'라고 하면 왠지 정비 중전보다는 후궁이 떠오릅니다. 조선 시대 이전에도 후궁이 있었나요?

신병주 그럼요. 조선을 배경으로 한 드라마가 많다 보니까, 후궁이라고 하면 숙종 대의 희빈 장씨, 인조 대의 소용 조씨 등 대부분 악녀 이미지를 떠올립니다만, 왕조 국가에서는 있을 수밖에 없는 존재가 후궁이죠. 《삼국사기》 중 〈고구려 본기〉에도 동천왕이 후궁을 맞이했다는 기록이 있어요. 또 선화공주와의 스캔들로 유명한 〈서동요〉의 주인공 백제 무왕도 후궁들과 함께 뱃놀이를 했다고 합니다. 신라 경애왕도 비첩(婢妾)들과 후원에 있다가 후백제 견훤의 군사들에게 피습을 당했다고 기록되어 있고요. 비첩이라고 했지만 후궁이나 다름없죠. 태조 왕건도 왕비가 6명, 후궁이 23명이었다고 합니다. 후삼국을 통일하는 과정에서 유력한 호족의 딸들을 후궁으로 삼은 거죠.

이정민 서양에도 후궁이 있었나요?

이원복 서양에는 후궁이라는 개념은 없었어요. 조선에서는 종묘사직을 이어가는 것, 즉 후사를 잇는 것이 가장 중요한 일이었잖아요. 그래서 왕이 원한다면 얼마든지 후궁을 들일 수 있었죠. 하지만 서양은 일부일처제를 강조했기 때문에 공식적인 후궁은 없었고, 이른바 '정부(情婦)'가 있었어요. 영어로는 미스트레스(mistress), 프랑스어로는 메트레스(maîtresse)라고 하는데, 여기에도 공식 정부와 비공식 정부가 있었어요. 공식 정부에게는 국가에서 귀족 작위를 줬대요. 퐁파두르 후작 부인, 뒤바리 백작 부인 등이 그 예이지요.

또 후궁과는 다른 개념이지만, 궁중 시녀가 있어요. 엘리자베스 1세의 어머니인 앤 불린이 왕궁의 시녀였어요. 시녀라고 하면 우리는 몸종이나 무수리를 떠올리는데, 서양에서는 몸종 외에도 여성 보좌관이나 말상대 역할의 파트너가 있어요. 그런 사람들을 레이디라고 합니다. 지체 높은 부인들이 궁중 시녀, 즉 레이디가 되곤 했죠. 앤 불린도 그런 궁중 시녀였습니다.

신병주 조선에서는 정부를 들이는 것이 합법은 아니었지만 후궁은 합법이었어요. 최대 아홉 명까지 들일 수 있었죠. 장녹수만 보더라도 인물에서 풍기는 느낌은 정부에 가깝지만, 연산군이 후궁으로 책봉을 했기 때문에 법적으로 아무런 문제가 없어요. 후궁 출신으로 최고의 지위까지 오른 사람이 장희빈이에요. 비록 사약을 받고 왕비의 자리에서 쫓겨나기는 합니다만 정식 왕비가 되었으니까요. 이때 숙종이 다시는 후궁 출신을 왕비로 책봉하지 못하게끔 엄명을 내리죠. 이를 두고 '장희빈 효과'라고까지 표현합니다.

장희빈 못지않게 드라마에서 많이 다뤄진 후궁이 바로 장녹수입니다. 드라마나 영화에서 장녹수 역을 맡았던 배우들이 하나같이 당대를 대표하거나 촉망받는 여배우들이었다는 것만 보더라도 장녹수라는 인물이 얼마나 많은 관심을 받아왔는지 알 수 있습니다. 연산군이 워낙 사람들에게 주목받는 캐릭터이기 때문이기도 하지만 연산군과 함께 폭정의 공범 또는 2인자로서 장녹수가 확실하게 자리매김 되었음을 뜻하기도 하겠죠.

이원복 잉글랜드에도 연산군과 장녹수 못지않게 명성을 날린 커플이 있어요. 17세기를 대표하는 바람둥이 왕 찰스 2세와 그의 파트너 바바라 파머입니다. 심지어 찰스 2세는 공인된 정부만 50명이 있었다고 해요. 그 밖에도 얼마나 많은 여성에게 손을 뻗쳤는지 250명에 달하는 자손이 있다는 이야기도 전해지죠. 이 무수한 여성 편력을 자랑하는 찰스 2세를 휘어잡은 여자가 바로

바바라 파머입니다. 비록 왕비는 아니었지만, 찰스 2세가 죽는 그 순간까지 퍼스트레이디로서 자리를 지켰습니다. 장녹수와 참 닮았죠? 둘의 차이라면 바람둥이 왕에 대한 대처법이었어요. 장녹수는 오직 왕만 바라보면서 안에서 끓어오르는 감정을 삭이고 참았을지 모르지만, 바바라 파머는 자신도 남성 편력을 자랑했다는 점입니다. 바람둥이 왕도 할 말을 잃게 만든 거죠.

"남모르는 교사와 요사스러운 야망은 견줄 사람이 없었다"

이정민 장녹수는 연산군과 어떻게 만났나요?

신병주 장녹수는 한미한 집안에서 태어났어요. 아버지는 현령을 지냈지만 어머니가 노비 출신의 첩이었죠. 조선은 기본적으로 어머니의 신분을 잇는 종모법을 따랐기 때문에 장녹수도 천출인 셈입니다. 집안이 어렵다 보니 생계를 위해 예종의 아들 제안대군의 노비로 팔려 갔고 그 집 노비의 아내가 됩니다. 같은 천민 출신 노비와 결혼한 것이기는 합니다만, 그래도 왕실 집안의 노비인 만큼 천민 중에서는 나름 급이 높은 사람과 결혼했다고도 볼 수 있죠. 아들까지 낳았다고 해요. 우연한 기회에 배운 노래와 춤 솜씨가 뛰어나 연산군의 귀에 들어갈 정도로 알려진 겁니다.

연산군 시대엔 '흥청'이라고 해서 전국의 기생들을 불러 모아 궁궐에서 잔치를 벌이곤 했어요. 전국에서 뽑힌 기생들 중 최고 중의 최고에게 주는 직책이 흥청이에요. 장녹수는 가노의 아내였다가 궁궐에 발탁이 되고 연산군의 눈에 쏙 든 거죠.《연산군일기》를 보면, 연산군이 여자를 탁 골라서 콕 찍는 편력엔 아주 일가견이 있었어요. 심지어 사대부 집안의 부인들을 초청해 연회를 열면서 이름표를 달게 합니다. 데려오라고 명하기 쉽게 하려고요. 연산군이 욕을 많이 먹은 것도 이런 행동들 때문입니다.

《연산군일기》에 따르면 장녹수가 노래를 정말 잘했나 봐요. "노래를 잘해서 입술을 움직이지 않아도 소리가 맑아서 들을 만했으며"라고 나와 있거든요. 또 재밌는 표현이 나옵니다. "나이는 서른이 넘었는데도 얼굴은 열여섯 살 아이와 같았다." 정말 최강 동안이죠. 여기까지만 들으면 얼굴도 예쁘고 노래도 잘하고 춤도 잘 췄나 보다, 연산군이 좋아할 수밖에 없겠다 싶죠. 그런데 반전이 있어요. "얼굴은 중간 정도였다." 연산군 주변에는 미녀 홍청이 많았으니 미모보다는 자신의 마음을 알아주는 장녹수를 좋아했던 것 같아요. 뒤이어 바로 이런 구절이 나옵니다. "남모르는 교사와 요사스러운 아양은 견줄 사람이 없으므로 왕이 혹했다." 남다른 매력이 있는 거죠. 그러니 처음에는 정부 형태로 들어왔다가 품계를 받았죠. 연산군이 숙원으로 봉해서 합법적인 후궁이 된 겁니다. 그다음 기록을 보면, "왕이 비록 몹시 노했더라도 녹수만 보면 반드시 기뻐해서 매우 웃었다." 폭군을 웃게 하는 여자였던 거예요. "상을 주고 벌주는 일이 모두 그 입에 달렸으니"라고 기록한 것도 무리가 아니죠. 아무리 폭군이라고 해도 자신이 좋아하는 사람이 원하는 일이라면 다 들어주고 싶은 게 사람 마음인가 봅니다.

두 남자의 여자

이정민 바바라 파머는 어떤 사람이었나요?

이원복 장녹수와 달리 귀족 출신입니다. 문제는 가난한 귀족 집안이었다는 거죠. 어려서부터 항상 부와 사치에 목말라 있었습니다. 당시 잉글랜드의 상황이 어땠냐면 말이죠, 1649년 왕당파와 의회파 사이에 벌어진 전쟁에서 왕당파가 패하는 바람에 찰스 2세의 아버지, 찰스 1세가 참수를 당합니다. 그 뒤로 올리버 크롬웰이 정권을 잡았어요. 아홉 살 난 찰스 2세는 프랑스로 도망갔다가 크롬웰이 죽고 1660년 왕으로 복권되어 잉글랜드로 돌아옵니다.

한편, 빌리어스 가문의 바바라는 로저 파머와 결혼하면서 성이 바뀌었어요. 파머 부부는 새로 등극한 왕에게 충성 맹세를 하러 갔어요. 그때 찰스 2세가 예쁘장하고 애교 많은 열아홉 살 바바라에게 한눈에 반합니다. 바로 그 자리에서 바바라를 데리고 런던으로 갔으니까요. 바바라의 남편은 졸지에 부인을 잃어버린 거죠. 미안한 마음에 찰스 2세가 백작 작위를 줬는데, 아일랜드 백작 작위를 준 거예요. 결국 멀리 가서 살라는 이야기죠. 그러나 안 가고 남아서 구시렁거리며 살았다고 해요.

바바라를 처음 만났을 때만 해도 찰스 2세가 총각이었기 때문에 당당하게 연애를 할 수 있었죠. 그런데 2년 후 찰스 2세가 포르투갈 왕녀와 결혼을 하게 됩니다. 잉글랜드에 도착한 신부를 처음 만난 순간, 찰스 2세는 경악을 금치 못합니다. "으악! 나에게 보낸 게 여자가 아니라 박쥐란 말이냐!" 초상화와는 달리 실제 인상이 무척 나빴나 봐요. 요즘에도 포토샵으로 사진을 보정하잖아요. 당시에도 초상화를 실물보다 예쁘게 그렸던 모양이에요.(웃음) 그래도 예정대로 결혼은 해야죠. 그런데 포르투갈 왕녀는 영어도 못하고 프랑스어도 못하니 의사소통마저도 안 되는 겁니다. 부부 사이에 정이 붙으려야 붙을 수가 없었어요.

심지어 왕비가 찰스 2세의 바람기와 바바라의 존재를 알고 있었어요. 궁중 시녀 명단에 바바라가 떡하니 있는 거예요. 그 이름을 보자마자 왕비가 코피를 흘리며 기절했다고 합니다. 왕비가 그 이름을 당장 지우라고 명하자 바바라도 가만있지 않았죠. 왕에게 달려가 이릅니다. 그러자 찰스 2세가 왕비의 버릇을 고쳐놓겠다며 왕비가 데려온 시녀들 중 앞을 못 보는 시녀 한 명만 남기곤 다 쫓아냅니다. 결국 왕비는 바바라를 시녀로 들일 수밖에 없었어요. 이후 왕비는 철저하게 뒷전으로 밀려나고 바바라가 무소불위의 권력을 휘두르게 됩니다.

하지만 정식 이혼을 하지 않았으니, 바바라는 아직 파머 가문 사람이었어요. 왕에게 아내를 뺏긴 남편이 얼마나 이를 갈았겠습니까. 어떻게 하면 그 둘을 골탕 먹일까 늘 궁리했겠죠. 그러던 차에 바바라가 아들을 낳았어요. 옳거니, 드디어 기회가 온 거예요. 당시 잉글랜드는 왕이 복권하기는 했지만 여전히 의회파와 왕당파가 대치하고 있었어요. 의회파는 성공회, 즉 신교이고 왕당파는 구교 가톨릭이에요. 찰스 2세는 왕이 되면서 구교에서 신교로 개종을 했죠. 바바라의 남편은 아들에게 찰스라 이름 붙이고는 가톨릭 세례를 받게 합니다. 바바라가 노발대발하며 다시 성공회 세례를 받게 한 뒤 찰스 2세를 찾아가 닦달합니다. 찰스 2세는 공식적으로 그 아이가 자신의 아들임을 발표합니다. 왕의 첫 아들을 낳았으니 바바라는 더더욱 기세등등했어요.

당시 대중의 모든 관심이 이 여인에게 쏠렸겠죠. 궁정화가인 피터 렐리가 바바라의 초상화를 그렸는데, 최고의 실권자를 밉게 그렸을까요? 내로라하는 스캔들의 주인공이자 미인의 초상화가 완성되고 나니, 사람들이 저마다 가지고 싶어 했어요. 그래서 초상화를 판화로 만들어 아예 출판을 하게 됩니다. 화가는 인세를 벌고 바바라는 초상권료를 받았는데 그 액수가 어마어마했다고 해요. 그뿐입니까, 왕에게 작위를 받았으니 그 영토에서 거둬들이는 수익도 엄청났죠. 막강한 권력에 부까지 거머쥡니다. 그런데 바바라는 그 돈으로 사치를 하고 도박에 빠집니다. 요즘으로 치면 명품도 사고 도박도 하느라 카드가 늘 한도 초과였던 거지요. 파산 지경에 이르면 왕이 갚아주고, 돈을 잃으면 또 갚아주는 일이 반복되었어요.

후궁과 정부에 가려진 왕의 여자

이정민 장녹수에게 가려진 연산군의 정비는 어떤 인물이었나요?

신병주 연산군이 쫓겨날 때 왕비도 폐위되어서 폐비 신씨라는 명칭으로 많이들 접했을 겁니다. 거창 신씨이고, 신승선의 딸입니다. 세자빈으로 간택되어 궁에 들어갔고, 연산군이 왕이 되면서 왕비가 되는 정통 코스를 밟았어요. 그렇지만 연산군이 여색에 빠져 있었으니 여자로서 가슴앓이가 심했겠죠. 하지만 연산군이 장녹수를 끼고돌아도 참고 견디며 언행을 조심했던 것 같아요. 아무래도 폐비 윤씨를 반면교사로 삼았겠죠. 연산군이 재위하는 내내 왕비 자리를 지키다가 1506년 중종반정이 일어나자 왕비의 자리에서 쫓겨납니다. 정말 비운의 왕비이자 비운의 여인이죠.

이 대목에서 역사적으로 흥미로운 점이 있습니다. 연산군의 왕비 폐비 신씨가 거창 신씨라고 했지요. 후대 중종의 왕비도 거창 신씨였는데, 바로 폐비 신씨의 조카였습니다. 반정에는 성공했지만 중종도 신하들의 성화에 못 이겨 왕비를 폐위시킵니다. 폐비 윤씨부터 시작해 조선 역사상 왕비 셋이 연달아 폐위되는 특수한 상황이 펼쳐진 거죠. 이 기구한 시대의 중심에 선 인물이 폐비 신씨였습니다.

이정민 연산군과 정비 사이에 후사는 없었나요?

신병주 2남 1녀를 뒀고 아들 황은 1503년 세자로 책봉까지 됐어요. 연산군이 쫓겨나지 않았다면 아들이 왕이 되고 신씨는 대비가 되었겠죠. 하지만 이 모든 것이 연산군의 폭정으로 물거품이 되고 맙니다.

이정민 참 안타깝네요. 이번엔 잉글랜드로 돌아가서 찰스 2세의 왕비였던 포르투갈 왕녀는 이후에 어떻게 되었나요?

이원복 역사의 뒤안길로 사라졌습니다. 찰스 2세가 결혼은 딱 한 번밖에 안 했지만, 공식적인 자식만 50여 명이었어요. 또 시녀 사건으로 왕비를 무력화한 왕의 막강한 애인 바바라 파머도 있었고요.

"상을 주고 벌주는 일이 모두 그 입에 달렸으니"

이정민 장녹수야말로 '연산군 폭정의 핵'이었다고 할 정도로 왕을 좌지우지했다는데 어느 정도였나요?

신병주 장녹수에 대한 왕의 신임이 두터웠어요. 연산군이 정말 그랬을까 싶은 기록이 많아요. "왕을 조롱하기를 마치 어린아이한테 하듯이 했고, 왕에게 욕하기를 마치 종에게 하듯이 했다"라고 하거든요. 그럼에도 연산군은 장녹수에게 하염없이 너그러웠어요. 장녹수가 기고만장할 수밖에요. 각종 뇌물과 인사 청탁에 개입됐고 남의 재산도 함부로 뺐었어요. 또 자신보다 인물이 낫거나 연산군이 조금이라도 관심을 보인 여인이 있으면, 부모 형제를 죽였고요. 심지어 라이벌인 기녀 옥지화는 장녹수의 치맛자락을 밟았다는 이유로 참형을 당했어요. "상을 주고 벌주는 일이 모두 그 입에 달렸으니"라는 문구가 당시 상황을 가장 적절하게 표현한 게 아닐까 싶습니다. 한명회를 대표하는 말이 "이 손 안에 있소이다"잖아요. 만약 장녹수를 대표하는 말을 정한다면 "이 입 안에 있소이다" 정도가 되겠네요. 이런 정황을 보면 분명 장녹수가 연산군의 폭정에 한몫했을 듯싶어요.

이원복 바바라 파머는 장녹수와 정말 닮은꼴이네요. 왕이 조금이라도 맘에 안 들면 궁을 나가버리고 왕이 찾아와서 사과할 때까지 버텼어요. 그러면 또 찰스 2세가 가서 데리고 옵니다. 심지어 신하들이 보는 앞에서도 왕의 무릎을 꿇렸다고 하니 말 다했죠. 이런 바바라에게도 위기가 닥칩니다. 삼십대 중반에 들어선 바바라 앞에 열다섯 어린 시녀 프랜시스가 나타났어요. 찰스 2세가 가만히 있을 리 없잖아요. 졸지에 프랜시스는 떠오르는 별, 바바라는 지는 별이 된 거죠. 궁중 사람들이 바바라 파와 프랜시스 파로 나뉘어 팽팽한 라이벌 구도를 이루었어요. 그런데 문제가 이상하게 해결되고 맙니다. 어머니뻘인 바바라와 딸뻘인 프랜시스가 친해진 거예요. 떠오르는 별이 될 뻔한 프랜시스는 그 구도에서 사라지고 또다시 바바라가 장악한 거죠. 그만큼 권력을 잡는 일에 바바라가 능수능란했던 겁니다.

이정민 정말 대단하네요. 왕에게조차 거침없이 굴면서도 그토록 총애를 받았던 비결이 뭘까요?

신병주 강해 보였던 연산군에게도 약한 구석이 있단 말이죠. 그런 모습을 솔직하게 드러낼 수 있는 대상이 장녹수였어요. 독재 군주인 연산군을 종 부리듯 했다는 기록이 있다고 말씀드리지 않았습니까. 연산군의 입장에서는 '어, 이런 느낌 처음이야!' 싶지 않았겠습니까. 독재 군주는 실로 외롭거든요. 특히 연산군은 심리적으로 불안감을 자주 드러낸 인물이죠. 그런 연산군이 필요로 한 것들을 장녹수가 채워주지 않았나 싶어요.

이원복 바바라 파머는 찰스 2세의 트라우마, 심리적인 측면을 간파하고 있었던 게 아닐까요? 찰스 2세는 소문난 바람둥이란 말예요. 한 여자에게 만족하지 못하고 채워지지 않는 무언가를 끊임없이 찾아다니는 찰스 2세의 내면적 허기를 바바라 파머가 채워주었기에 그 관계가 유지될 수 있었을 거예요.

신병주 바바라 파머는 장녹수와 어우동을 합친 인물이네요.(웃음)

이원복 그러니까요. 오죽하면 '영국의 저주'라는 별명이 붙었겠습니까. 바바라가 파머 가문과 혼담이 오갔을 때 시부모가 엄청 반대했어요. 바바라와 결혼하면 이 나라에서 가장 비참한 남편이 될 거라고 아들을 만류했다죠. 훗날 그 말이 그대로 맞아떨어졌죠.

화무십일홍, 열흘 붉은 꽃은 없다

이정민 장녹수와 바바라 파머의 최후는 어땠나요?

신병주 1506년 9월 2일 중종반정이 일어나 연산군이 폐위되는 과정에서 장녹수는 끌려나가 참형을 당합니다. 그 일이 있기 열흘 전쯤 궁녀들을 모아놓고 후원에서 잔치를 벌이던 연산군이 슬픈 곡조를 불렀답니다. "인생은 초로와 같아서 만날 때가 많지는 않다." 이에 많은 궁녀가 비웃었는데, 유독 장녹수와 전비만이 연산군을 따라 울었다는 기록이 전합니다. 전비는 연산군이 예뻐하던 궁녀였어요. 연산군이 자신의 최후를 예감했는지, 그 두 사람을 따로 불러 "태평한 지 이미 오래니 어찌 불의의 변이야 있겠냐마는 만일 있게 되면 무사하긴 어려울 것이다"라고 했답니다. 연산군의 직감처럼 며칠 뒤 반정이 일어났고 무사하지 못했죠.

당시 백성의 분노가 얼마나 심했는지, 길 가던 사람들이 "일국의 고혈이 여기에서 탕진됐다"며 참형을 당해 이미 죽은 장녹수의 시체에 던진 기왓장과 돌멩이가 무덤을 이뤘다고 해요. 연산군의 폭정 하면 사람들이 장녹수를 떠올렸을 정도였으니 그 최후는 참으로 비참했습니다.

이원복 바바라도 비참한 최후를 맞이합니다. 바람 잘 날 없던 찰스 2세가 1685년 사망하자 바바라는 왕궁에서 쫓겨나죠. 도박 빚 때문에 집도 절도 없는 신세가 되자, 어쩔 수 없이 재혼을 합니다. 바바라가 부자인 줄 알고 결혼한 젊은 귀족은 바바라가 빈털털이라는 걸 알고는 그녀에게 폭력을 휘두르기 시작했어요. 결국 그녀는 남은 인생을 남편의 폭력 속에서 살다 부종으로 죽었습니다. 젊은 남편은 이혼도 하지 않은 채 바바라와 결혼을 해서 나중에 중혼죄로 감옥에 갔어요.

이정민 화무십일홍(花無十日紅)이라는 말이 괜히 있는 게 아니다 싶은데요. 왕의 여자들 중에 이런 악녀만 있었던 건 아니었죠? 최고의 양처랄까, 최고의 왕비를 꼽는다면 누가 있을까요?

이원복 물론 많죠. 그런 사람들은 별 기록이 없습니다.

신병주 역설적으로 사람들의 입에 오르내리지 않은 왕비가 잘한 겁니다. 세상에 알려진다는 것은 문제가 있다는 것이거든요. 조신하게 내조를 잘했던 왕비로는 세종대왕의 부인인 소헌왕후 심씨가 대표적이죠. 세종이 그 많은 업적을 남기는 동안 왕비에 대한 기록이 거의 없습니다. 물론 불교에 심취했다고는 전해지지만 그것 말고는 아무런 문제가 없었다는 뜻이죠. 반면에 문정왕후를 보세요. 어린 아들을 때린다는 둥 끊임없이 탄핵 상소가 올라오지 않았습니까. 문제가 많았던 거예요. 예나 지금이나 제자리에서 묵묵히 자기 할 일을 잘하는 사람들은 언론에 드러나지 않습니다.

이원복 실제로 바바라 파머는 영국 역사상 왕에게 영향력을 가장 크게 행사한 여자로 뽑히기도 했습니다.

이정민 지혜로운 여자는 자기 집을 세우지만 미련한 여자는 자기 손으로 집을 무너뜨린다고 하구요, 지혜로운 여자는 영웅을 만들고 욕심 많은 여자는 폭군을 만든다고 합니다. 저 역시 많은 것을 생각하게 하는 내용이었습니다.

시대를 앞선 여성들

신사임당 vs 히구치 이치요

한국사		세계사
신사임당, 강릉에서 출생	1504	
(갑자사화)		
(중종반정. 연산군 폐위)	1506	(레오나르도 다 빈치, 〈모나리자〉 완성)
안견의 그림을 본 따 그려 극찬을 받음	1511	
아버지 신명화, 소과에 합격해 진사를 지냄	1516	
	1517	(루터, '95개조의 반박문' 발표)
아버지가 관직을 버리고 강릉으로 돌아옴	1519	
(기묘사화)		
이원수와 혼인	1522	(마젤란 일행, 세계 일주 마치고 귀환)
	1533	(이반 4세 즉위)
아들 이이 출산	1536	
(인종 즉위)	1544	
(명종 즉위)	1545	
아들 이이 장원급제	1548	
병사	1551	
	⋮	
	1867	(메이지 천황 즉위)
	1868	(메이지 유신)
	1872	**히구치 이치요,** 사무라이 집안에서 막내로 출생
(강화도조약)	1876	
(임오군란)	1882	
(갑신정변)	1884	나카라이 도스이, 〈아사히신문〉 기자로 발탁
	1886	하기노샤에서 와카 배움
	1887	오빠가 결핵으로 사망
		17세에 호주가 됨
	1889	아버지가 사업에 실패하고 사망
		경제적 이유로 파혼 당함
	1890	생계 위해 소설 쓰기 시작
	1891	나카라이 도스이에게 문학 수업을 받음
	1892	《무사시노》 창간호에 첫 작품 〈밤 벚꽃〉 발표
(동학농민운동. 갑오개혁)	1894	(청일전쟁)
	1896	《키재기》 발표
		폐결핵으로 사망

조선 시대 여인들에게 사회 활동은 있을 수 없는 일이었습니다. 기생이 아닌 다음에야 이름이 세상에 알려지는 일도 거의 없었고요. 자신의 이름을 내걸고 그림을 그리거나 글을 쓰는 일조차 쉬이 허락되지 않았습니다. 그런데 이런 시대에 안견에 비견될 만큼 뛰어난 그림 솜씨로 이름을 날린 여성 화가가 있었습니다. 사후에는 잘 키운 아들 덕분에 정경부인이 되었죠. 지금은 그 아들과 더불어 지폐의 모델로 활동 중인 신사임당이 그 주인공입니다. 우리나라 지폐의 유일한 여성 모델이 신사임당이라면 일본에는 히구치 이치요가 있습니다. 일본 근대소설의 개척자라는 평가를 받고 있지요. 제국대학 총장이었던 니토베 이나조를 대신해서 일본 지폐의 모델이 된 소설가입니다. 오늘날 한국과 일본의 지폐에 등장하는 유일한 여성, 신사임당과 히구치 이치요를 만나보겠습니다.

시대를 앞서간 여성 예술가

이정민 이번에 만나볼 인물은 한국과 일본 지폐에 등장하는 유일한 여성인데요. 다른 나라에서도 지폐에 여성이 등장하는 경우가 드문가요?

이원복 한 나라의 철학과 문화에 따라 지폐에 등장하는 인물이나 상징물이 달라집니다. 베트남 지폐엔 호치민, 터키에서는 아타튀르크, 중국은 마오쩌둥 하는 식으로 구국 영웅이나 국부로 불리는 사람이 주로 등장해요. 하지만 유럽연합의 경우 그럴 수 없죠. 프랑스의 영웅이 독일에서는 악명 높은 적장으로, 또 독일의 영웅이 이탈리아에서는 원수처럼 여겨질 수도 있으니까요.

유럽연합의 화폐에 건축물이 주로 나오는 것도 이러한 이유 때문입니다.

유럽에서는 특히 여성들이 지폐에 자주 등장했습니다. 영국에서는 엘리자베스 2세와 나이팅게일, 프랑스에서는 퀴리 부인, 독일에서는 클라라 슈만 등이 대표적입니다. 의외로 미국 지폐에는 아직까지 여성 모델이 없습니다. 상대적으로 남존여비가 심한 한국과 일본에서도 지폐에 여성이 등장했는데 말이죠. 이는 1990년대 이후 한국과 일본에서 '사회 정의'에 대한 목소리가 높아졌기 때문입니다. '남녀평등' 사상의 대두가 가장 대표적이죠. 2000년대 초반 양국 모두 지폐의 여성 모델 기용에 대해 언급하기 시작했어요. 일본에서는 2004년부터, 한국에서는 2009년부터 히구치 이치요와 신사임당의 초상화가 들어간 지폐가 발행되었지요.

신병주 2009년 당시에 광개토대왕, 박연, 장영실, 김구 등 각 분야의 내로라하는 후보가 있었지만, 한 종 정도는 '여성'을 대표하는 인물이 들어가는 게 좋겠다는 목소리에 여론이 모였죠. 선덕여왕이나 유관순 등이 경합을 벌이다가 신사임당으로 확정되었어요. 기존의 현모양처 이미지에 예술가로서의 위상이 더해졌고, 율곡 이이라는 훌륭한 아들을 키운 어머니로서의 위엄도 컸죠. 세계에서 유일하게 지폐에 등장하는 모자지간이 아닐까 싶습니다.

이정민 그럼 신사임당과 히구치 이치요는 어떤 사람이었나요?

신병주 신사임당은 1504년에 태어나서 마흔일곱이 되던 1551년까지, 즉 16세기 초·중반을 살았습니다. 율곡 이이의 어머니이자 예술가로서 뛰어난 면모를 보였지요. 본명은 신인선인데, 스스로

'사임당(師任堂)'이라는 호를 지었어요. 성품이 어질고 자녀 교육이 남달랐던 중국 주 문왕의 어머니인 태임을 본받겠다는 뜻이었죠. 학자 중의 학자로 손꼽히는 율곡을 비롯해 자녀들의 면면을 보면 그 뜻을 충분히 이뤘다고 볼 수 있습니다. 게다가 당시에 이미 산수화를 잘 그리는 화가로도 명성이 자자했어요. 지금까지는 대개 신사임당을 현모양처로 여겼지만, 앞으로는 시대를 앞서간 예술인으로서 조명할 필요가 있을 듯합니다.

이원복 히구치 이치요는 사임당에 비해 알려진 바가 많지 않아요. 1872년에 태어난 이치요는 스물넷에 요절합니다. 짧은 생을 살았지만, 오늘날 일본 여성 문학을 개척했다고 평가되며 일본 현대 문학계에서 중요한 위치를 차지하고 있습니다. 먹고살기 위해 글을 쓰기 시작했지만, 1892년부터 1896년이라는 길지 않은 집필 기간에 스물두 편의 소설을 발표하고 4,000수가 넘는 와카(和歌)뿐 아니라 일기와 에세이도 남겼습니다. 《키재기》, 《섣달그믐》, 《나 때문에》 등은 번역되어 국내 독자들에게도 소개되었고요. 서정적이고 섬세한 필치로 일본 낭만주의 문학의 효시이자 최고봉으로 자리 잡으며 일본인의 사랑을 받은 덕분에 제국대학의 총장이었던 니토베 이나조를 제치고 오천 엔권의 모델이 되었지요.

신사임당의 16세기 조선, 히구치 이치요의 19세기 일본

이정민 신사임당이 활동한 16세기 조선으로 가볼까요? 성리학이 지배한 사회였던 만큼 여성의 사회 활동은 물론이고 글공부도 쉽지

5000
한국은행
오만원
행총재

않았을 텐데, 양반 댁 부인인 신사임당이 당대에 화가로 명성을 떨쳤다니 놀랍습니다. 어떻게 그런 일이 가능했나요?

신병주 물론 성리학은 조선 건국 이후에 수용되어 조선 시대의 중심 사상으로 자리매김했죠. 하지만 하루아침에 나라의 근간이 된 건 아닙니다. 새로 수용된 사상이 사회 전반에 퍼지기까지는 시일이 걸리죠. 16세기 중종에서 명종 대에 이르러서야 성리학 이념이 본격적으로 작용하기 시작했어요. 특히 양반과 천민, 남녀, 적서 차별이 강조되었습니다.

사임당이 태어난 16세기는 바로 이러한 과도기였어요. 조선 전기에는 혼인 뒤에 일정 기간 동안 남자가 처가에서 사는 경우가 많았습니다. 사임당과 남편 이원수도 여기에 해당합니다. 열여덟 살에 혼인해서 스물에 맏아들 선, 스물다섯에 맏딸 매창, 서른둘에 율곡 등을 낳아 슬하에 4남 3녀를 두었는데, 서른일곱에 서울로 올라가기 전까지 사임당의 고향인 강릉에서 살았으니까요. 율곡 이이가 태어난 오죽헌이 강릉에 있죠. 아직까지는 여성의 지위가 비교적 높았던 조선 전기의 풍습이 남아 있었던 거죠.

또 사임당의 아버지인 신명화도 남달랐습니다. 아들이 없던 탓이었을지도 모르겠으나, 딸들에게 성리학과 글씨, 그림을 가르칠 정도로 상당히 개방적이었어요. 사임당은 둘째였는데, 다섯 딸 중에서 기억력이 비상하고 그림과 시에 재주가 뛰어나 부친이 총애했다고 합니다. 신사임당은 자신이 나고 자란 고향에서 개방적인 부모의 후원을 받으며 자유롭게 자신의 기량을 뽐낼 수 있었습니다. 조선 시대 여인의 삶이란 제사를 모시고 손님을 맞이하는 '봉제사 접빈객(奉祭祀接賓客)'으로 축약되는데, 사임당은 제사나 손님맞이의 의무에서 자유로울 수 있었으니까요. 게다가 어머니와 외할머니를 비롯해 외가로부터 예술적 기질을 물려받았어요. 자수와 바느질 솜씨도 좋았다고 합니다. 어려서 어머니를 흉내 내는 모습을 본 외할아버지가 다방면에 재능이 있음을 알아보고 사임당에게 글과 그림을 정식으로 가르치기 시작했어요. 특히 산수화가 뛰어났는데, 어려서 세종 때 화가인 안견의 대표작 〈몽유도원도〉 등을 따라 그려 주위를 놀라게 했다고도 합니다. 포도나 풀, 벌레도 잘 그렸고요. 신사임당의 〈초충도〉는 유명하죠.

이정민 조선 시대에 사임당과 비견되는 다른 여성 작가로는 누가 있나요?

신병주 16세기 초반을 대표하는 여성 작가로는 황진이가 있습니다. 사임당의 딸과 이름이 같은, 부안 기생 매창도 있었고요. 시대는 다소 다르지만 허균의 누이 허난설헌은 특히 사임당과 닮은 부분이 많습니다. 둘 다 강릉 출신에 양반가의 부인으로 살면서 예술 활동을 했고, 시대를 앞서간 탓에 남편과 사이가 좋지 않았어요.

이정민 이번에는 히구치 이치요가 활동한 19세기 후반 일본 사회를 살펴볼까요.

이원복 이치요가 태어난 1872년 일본에 처음으로 기차가 개통됩니다. 일본은 1868년 메이지 유신이 일어나면서 근대화가 시작되었어요. 1854년 미국에 의해 강제로 개방된 이후 일본은 극심한 혼란을 겪었지만, 메이지 유신을 통해 근대 국가로 성장합니다. 히구치 이치요는 막 문을 연 근대 국가 일본의 초창기에 태어났기 때문에 자라면서 근대화 과정을 온몸으로 겪었을 겁니다.

신병주 제국 열강에 의해 강제로 문을 연 일본은 시일이 지나면서 점차 제국주의적 면모를 드러내기 시작합니다. 우리 조선을 차지하기 위한 전 단계 조치로 1876년 조선에 강화도조약을 강요했어요. 이 조약 이후 경제적, 군사적, 정치적 주도권을 장악해 나갑니다.

당시 조선은 내부적인 갈등도 많았습니다. 1882년 임오군란, 1884년 갑신정변, 1894년 동학농민운동 등이 일어납니다. 이때 우리가 주목할 점은 이 과정에서 조선의 엄격했던 신분 질서가 해체되어갔다는 점이죠. 조선 여성의 지위는 한없이 낮았습니다. 한번 시집간 여자는 결혼하자마자 남편이 죽었다고 하더라도 평생 혼자 늙어야 했습니다. 심지어 열녀문까지 세워주며 장려했죠. 그러나 1894년 갑오개혁으로 신분제가 폐지되고, 과부의 재가도 허용되면서 여성의 지위가 조금 나아지기 시작합니다.

"부녀자에게 합당한 일이 아니라고
어찌 나무랄 수 있을 것이랴"

이정민 히구치 이치요는 분명 정열적인 여성이었나 봅니다. 스물넷에 요절했음에도 문학적인 성과뿐 아니라 비극적인 사랑의 주인공으로도 유명하다면서요?

이원복 히구치 이치요는 평생을 힘들게 살았는데, 그 사랑도 쉽지 않았어요. 가난한 사무라이 집안의 3남 2녀 중 장녀로 태어난 이치요는 사업에 실패한 아버지가 죽자 열일곱에 소녀가장이 됩니다. 또한 가난 때문에 파혼까지 당하죠. 처음엔 삯바느질과 빨래 같은 육체노동도 마다하지 않았지만, 사무라이 가문에 대한 긍지가 높았던 그녀는 육체노동을 접고 먹고살기 위해 소설을 쓰기로 결심합니다. 《아사히신문》 기자이자 소설가인 나카라이 도스이의 문하생으로 들어갔는데, 팍팍한 인생사에 시달리던 스무 살 이치요는 따뜻한 말로 자신을 응원하는 서른두 살 스승에게 한눈에 반하고 말죠.

쓰시마에서 태어난 나카라이 도스이는 의사인 아버지를 따라 부산에 가서 어린 시절을 보냈습니다. 1882년 임오군란을 생생히 기록해 기고한 것을 계기로 1884년 《아사히신문》 기자로 발탁되었어요. 《춘향전》을 번역해 연재하기도 했습니다. 도스이는 주변의 젊은 작가 혹은 작가 지망생 들을 위해 문학잡지 《무사시노》를 창간합니다. 이 창간호에 히구치 이치요는 '나쓰'라는 필명으로 〈밤 벚꽃〉을 발표하고 작가로 등단합니다.

이치요가 푹 빠진 나카라이 도스이는 꽤나 바람둥이였던 모양이에요. 둘 사이에 묘한 기류가 흐르자 세간의 입방아에 오르내리죠. 도스이에 대한 이치요의 애절한 마음은 오해와 충돌과 화해를 거듭하다 이내 절교에 이르고 말아요. 나중에 문학계 동료들이 그녀에게 구애했지만 오로지 한 사람만 품었던 이치요의 마음이 일기장에 고스란히 남아 있습니다.

이십대 초반 한창 감수성이 예민한 나이에 겪은 많은 일을 여성 특유의 섬세한 필치로 풀어낸 히구치 이치요의 작품은 마치 잔잔한 호수에 가랑잎이 떨어져 일으키는 파문처럼 일본의 독자들을 감동시켰습니다.

신병주 신사임당도 여자로서는 그리 행복하지 않았습니다. 남편 이원수와 관계가 좋지 않았거든요. 너무 똑똑하고 다방면에 능력이 출중한 부인을 두었던 탓에, 아무래도 남편 입장에서는 부담스러웠을 겁니다. 정작 본인은 자꾸 과거에서 떨어져 결국 포기하고 음서로 관직에 진출하거든요. 물론 이 과정에서 이원수도 노력을 하지 않은 것은 아니에요. 제대로 공부하겠다고 다짐하면서 10년 별거를 작정하고 부인이 알아봐준 명산으로 떠나기까지 했으니까요. 하지만 중도에 되돌아오자 사임당이 남편에게 결단력이 없다고 호되게 나무라면서, 머리를 자르며 비구니가 되겠노라고 으름장을 놓았다는 이야기도 전합니다. 남편에게 순종하는 것을 미덕으로 여기던 시대의 현모양처라고 보기는 어려운 모습이죠.(웃음) 이원수는 슬하의 자녀들 역시나 굉장히 똑똑하고 훌륭하게 자라나자 더더욱 기가 죽었던 것 같아요. 그래선지 주막집 여자와 바람이 나기도 하죠.

하지만 어머니로서의 사임당은 아마 대단히 흡족했으리라 생각됩니다. 사임당의 모든 장점을 고스란히 이어받은 것으로 보이는 셋째 아들 이이도 1972년부터 발행되기 시작한 오천원권의 모델이죠. 처음에는 지폐에 그려진 이이의 초상을 둘러싸고 논란이 많았습니다. 갸름하고 작은 얼굴에 오뚝한 콧날이 마치 서양인 같았거든요. 결국 1977년에 동양적인 모습의 초상으로 바뀌게 되었죠.

큰딸 매창은 어머니처럼 시화에 능해 '작은 신사임당'이라고 불렸어요. 넷째 아들 이우는 특히 그림이 빼어났습니다. 풀벌레를 그린 종이를 길에 던지자 닭들이 진짜 벌레인 줄로 착각하고는 그림을 쪼았다는 일화가 있을 정도예요. 이이의 스승인 어숙권이 "사임당의 포도와 산수는 절묘하여 평하는 이들이

'안견 다음간다'라고 한다. 부녀자의 그림이라 하여 어찌 경홀히 여길 것이며, 또 부녀자에게 합당한 일이 아니라고 어찌 나무랄 수 있을 것이랴"고 말했다고 하니, 어머니와 아들의 그림 실력이 얼마나 대단했는지 짐작이 되죠. 이우는 학문도 곧잘 했던지 형 이이가 "내 아우가 학문에 종사했다면 내가 따르지 못했을 것"이라고 말했다고 합니다.

자신의 이름을 내걸고 당당히 활동하다

이정민 신사임당과 히구치 이치요의 마지막은 어땠나요?

이원복 히구치 이치요는 어려서부터 가장이 되어 가계를 책임져야만 했기에 굉장히 어렵고 험난한 삶을 살았죠. 또 비극적이고 외로운 사랑 때문에 여자로서도 불행했을 테고요. 하지만 작가로서만큼은 불행하지도 험난하지도 않았습니다. 자신의 신산한 경험을 바탕으로 여성 최초의 직업 작가로 우뚝 섰으니까요. 폐결핵으로 죽기 직전까지의 짧은 생애, 더 짧은 집필 기간 동안 일본 근대 문학사에 길이 남을 작품을 많이 남겼죠. 그녀가 사망한 1896년에 발표한 《키재기》는 일본 근대문학의 창시자라 불리는 모리 오가이로부터 호평을 받았습니다.

신병주 신사임당은 서른일곱까지 자신의 고향인 강릉에서 지내다가 남편이 있는 서울로 올라갑니다. 처음엔 현재 종로구청이 자리한 청진동 쪽에 터전을 잡았다가 나중에 삼청동 쪽으로 옮겨갔어요. 당시는 요즘보다 평균수명이 짧기도 했고 아무래도 질병에 취약했겠죠. 말년에 건강이 좋지 않았다고 합니다. 안타깝게도 마흔일곱에 생을 마쳐요. 세 살 연상인 남편 이원수는 사임당이 죽은 뒤에도 10년을 더 살았고요. 죽기 전에 재혼하지 말아달라던 사임당의 당부를 뒤로하고 재혼을 했다고 해요. 정말 사이가 좋지 않았던가 봅니다.(웃음)

평소에 워낙 어머니를 따랐던 이이는 열다섯에 어머니를 잃자 상실감이 매우 컸던 것 같습니다. 인생의 허무함까지 느낀 나머지 머리를 깎고 승려가 되겠다고 금강산으로 들어갔으니까요. 이런 행적이 나중에 유학자로서 상당히 큰 약점으로 작용합니다. 어머니의 죽음으로 인한 인간적인 아픔을 극복하려고 했던 것인데 말이죠. 하지만 율곡 이이가 성리학자로 대성할 수 있었던 데에는 유교뿐 아니라 불교와 도교 등 다양한 분야를 섭렵한 경험들이 토대가 되었습니다.

이정민 여성의 사회 활동이 어려웠던 시대에 당당히 자신의 이름을 내걸고 예술가로 활동한 두 여성을 만나보았습니다. 히구치 이치요는 24년이라는 짧은 생을 살다 갔지만 그녀의 삶과 작품이 남긴 인상은 강렬했네요. 일본에서는 많은 영화와 드라마, 소설 등에서 그녀의 삶을 다루었고, 그녀를 기리는 음반까지 나왔다고 해요. 반면 우리나라에서는 '현모양처'라는 인상이 강해서인지 신사임당에 대해 심도 있게 다룬 매체가 거의 없죠. 시대를 앞서간 화가 신사임당의 삶이 더욱 궁금해지는 시간이었습니다.

난국 속 명재상

유성룡 vs 윌리엄 피트

한국사		세계사
유성룡, 의성에서 유중영의 둘째 아들로 출생	1542	
(인종 즉위)	1544	
(이순신 출생)	1545	
	1553	(앙리 4세 출생)
퇴계 이황의 문하에 들어감	1562	(프랑스, 위그노 전쟁 발발)
문과 급제 뒤 공조 좌랑, 병조 좌랑, 사간원 헌납 등 지냄	1566	
(선조 즉위)	1567	
	1572	(성 바르톨로메오 축일의 대학살)
	1584	(이반 4세 사망)
	1589	(앙리 4세 즉위)
우의정에 오름	1590	
이순신을 전라좌도 수군절도사로 천거		
(임진왜란 발발)	1592	
영의정에 오름	1593	
(훈련도감 설치)	1594	(셰익스피어, 《로미오와 줄리엣》 지음)
(임진왜란 종결) **공직에서 물러남**	1598	(낭트 칙령)
《징비록》 집필	1604	(제임스 1세 즉위)
사망	1607	
	⋮	
	1759	**윌리엄 피트,** 아버지 윌리엄 피트의 둘째 아들로 출생
(사도세자, 뒤주에 갇혀 죽음)	1762	
	1773	**케임브리지 대학교 입학**
(정조, 규장각 설립)	1776	(미국, 독립 선언)
	1781	**하원의원에 당선**
	1782	**재무장관 역임**
	1783	**16대 수상 취임** (영국, 미국 독립 승인)
	1789	(프랑스혁명 발발)
(금난전권 철폐)	1791	
(《이충무공전서》 간행)	1795	
(정조 사망)	1800	**아일랜드 합병**
	1802	**아미앵 조약**
	1804	**수상직 복귀**
	1805	(트라팔가르 해전)
		(아우스터리츠 전투)
	1806	**사망**

임진왜란이 발발하자 선조는 한양을 버리고 의주로 피란을 갔다가 다시 명으로 몽진을 하기로 결정합니다. 이때 선조가 탄 수레가 한 발자국이라도 조선 땅에서 벗어나면 이 땅은 우리 땅이 아니라며 강력히 반대했던 사람이 있었습니다. 수많은 개혁 정책으로 병력과 군량을 확보하고 삶의 터전을 빼앗긴 백성을 보살피며 무너져가는 조선이 전쟁에서 승리할 수 있도록 그 토대를 만든 조선의 명재상 서애 유성룡입니다. 그로부터 200여 년 후, 지구 반대편 영국에도 유성룡과 꼭 닮은 명재상이 나타납니다. 나폴레옹의 침략으로부터 나라를 지켜낸 영국의 윌리엄 피트가 바로 그 주인공입니다. 조국의 위기를 막아낸 유성룡과 윌리엄 피트를 통해 국가 지도자의 진정한 역할을 살펴보겠습니다.

일인지하 만인지상

이정민 《징비록》의 주인공 유성룡의 맞수로 영국의 16, 17대 수상이었던 윌리엄 피트가 선정됐습니다. 윌리엄 피트는 우리에게 다소 생소한 인물인데요. 어떤 인물인가요?

이원복 영국 역사에서는 피트가 두 사람입니다. 부자지간으로 둘 다 수상이었어요. 아버지 피트를 '대 피트', 아들 피트를 '소 피트'라고 부릅니다. 우리가 만나볼 사람은 아들 피트입니다. 유성룡과 마찬가지로 둘째 아들로 태어나 열네 살에 케임브리지 대학에 입학합니다. 케임브리지 대학은 명문 중의 명문인데, 최연소 입학을 한 거죠. 2010년 열네 살짜리가 입학하면서 237년 만에 기록이 깨졌어요. 그리고 스물네 살에 취임한 최연소 수상이기도 합니다. 20년간 정확하게는 6,917일 동안 재임합니다. 그뿐만 아니라 나폴레옹을 막아낸 수상이 바로 이 윌리엄 피트예요. 유성룡이 임진왜란에서 영의정이란 중책을 맡아 국난으로부터 나라를 지킨 것처럼, 윌리엄 피트도 영국의 입장에서는 대재앙이었을 나폴레옹의 침략으로부터 나라를 지킨 수상, 우리로 치면 영의정이죠. 시대는 달라도 유성룡과 윌리엄 피트의 이러한 점이 닮았어요.

이정민 영의정이나 수상은 국무총리에 해당하는 직책이죠?

이원복 수상은 왕 다음으로 최고의 권력자죠. '일인지하 만인지상'이라고 하는 영의정도 마찬가지예요. 다만 영국이 의회주의 국가이기 때문에 혼자서 이래라저래라 하기보다는 의회와 협의를 통해 결정하지만 발언권과 리더십이 가장 강한 자리죠.

신병주 국난을 극복한 명재상이라는 것이 닮았네요. 유성룡이 조선을 대표하는 명재상으로 평가받는 것은 임진왜란 때 전시 정부를 이끌면서 국난을 극복했다는 점이거든요. 임진왜란이 발발한 당시엔 좌의정과 병조판서를 겸하고 있었습니다. 영의정으로 승진됐다가 전쟁 중에 실각했지만, 다시 도체찰사라는 군대 요직을 맡아 전쟁 내내 선조를 수행했습니다. 이것이 《징비록》을 저술하는 배경이 되었죠.

유성룡의 호인 서애(西厓)는 서쪽 절벽이라는 뜻이에요. 고향이 안동 하회마을인데 낙동강 물굽이 건너편 서쪽에 있는 부용대라는 절벽과 인연이 깊거든요. 조선 시대 학자들은 자신의 고향을 호로 삼은 경우가 많아요. 율곡 이이도 태어난 곳은 외가인 강릉의 오죽헌이지만, 주로 자란 곳은 파주에 있는 밤골이거든요. 밤 '율(栗)' 자에 계곡 '곡(谷)' 자를 써서 율곡이 된 거죠. 그리고 다산 정약용도 유배 갔던 곳이 강진의 만덕산인데 그곳에서 차가 많이 나거든요. 차 '다(茶)' 자와 뫼 '산(山)' 자를 합쳐서 다산입니다.

임진왜란 때 유성룡은 요즘 말로 '갑질'이 심한 명 사신들을 적절하게 접대하고 달래가며 참전을 이끌어 큰 공을 세웠죠. 또 전쟁에서 승리하기 위해 획기적인 정책도 마다하지 않았어요. 천민이라도 필요한 인재라면 신분을 높여서 바로 충원했을 정도였으니까요.

이원복 그런 점이 윌리엄 피트와 꼭 닮았습니다. 임진왜란 당시 조선과 피트가 수상이던 시절의 영국 상황이 비슷한데요. 명과 일본 사이에서 절체절명의 위기를 맞은 조선도 섬처럼 외로운 처지였잖아요. 유럽 전역을 점령한 나폴레옹이 대륙을 봉쇄하면서 영국도 철저하게 고립되었거든요. 나폴레옹이 득세하던 1800년 윌리엄 피트는 이미 수백 년간 실질적으로 지배해온 아일랜드를 공식적으로 합병합니다. 영국을 증오하는 아일랜드와 영국을 호시탐탐 노리는 프랑스 두 나라 모두 가톨릭 국가예요. 아일랜드가 프랑스와 손을 잡기라도 하면 등 뒤에 적을 두는 것과 마찬가지니 아일랜드의 마음을 얻어야 했죠. 당시 영국에서는 심사율(Test Act)이라고 해서 성공회교도만 관직에 나갈 수 있는 법이 있었어요. 피트는 이 법을 해지해달라고 조지 3세에게 요청했지만 거절당하자 관직을 내던집니다.

이정민 윌리엄 피트가 유성룡을 벤치마킹한 게 아닌가 싶을 정도로 비슷한 면이 많습니다. 특히 적극적인 개혁으로 국가의 위기를 돌파했다는 점에서요. 구체적으로 어떤 개혁을 했는지 살펴볼까요?

신병주 임진왜란은 우리 역사에서 큰 위기로 손꼽히는데 조선 정부는 아무런 준비도 하지 못했죠. 조선의 방어 정책은 제승방략(制勝方略), 즉 거점에 모여서 외적을 방어하는 시스템인데 임진왜란 당시에는 거의 작동하지 못했어요. 육지에서 속절없이 패배하니까 선조가 전쟁 발발 보름 만인 4월 30일에 한양을 비울 수밖에 없었어요. 이때 영의정 유성룡이 명의 참전을 이끌면서 어느 정도 반격의 기회를 얻었습니다. 명군을 끌어들여 평양성을 탈환하는 데 유성룡이 큰 역할을 했죠.

그런가 하면 강화 회담도 성사시켰죠. 서로의 요구 조건을 주고받는 동안에 전쟁을 중단할 수 있게 되었고 이 기간에 유성룡은 조선군의 미비점을 보완해나갔습니다. 예를 들면 훈련도감을 설치했는데, 한마디로 의무병제에서 직업 군인제로 바꾼 거예요. 아무래도 군대의 질이 올라가겠죠. 또 면천법(免賤法)을 마련해 전쟁에 참여하는 노비는 신분을 해방시켜줍니다. 또 국난의 시기임을 강조하며, 지금껏 군역에서 면제된 양반까지 군대에 편제하는 속오법(束伍法)을 실시합니다. 세제도 대공수미법(代貢收米法)으로 개편합니다. 각 지방의 특산물을 바치는 공물은 아무래도 들쭉날쭉할 수밖에 없거든요. 같은 굴비라도 상품 가치가 높은 것도 있지만, 식당에서 서비스 반찬으로 나오는 굴비도 있잖아요. 이걸 쌀로 통일하면 이 문제를 비롯해 기존 공물제의 문제점을 해결할 수 있죠.

전쟁 중에도 끊임없이 고민하고 필요한 부분은 수정 보완했어요. 이런 걸 변통(變通)이라고 합니다. 위급한 순간에 규정집이나 뒤지면서 원칙만 따지면 아무것도 할 수 없거든요. 하지만 유성룡은 그때그때의 상황을 봐가며 적절한 정책을 폈다는 겁니다.

이원복 윌리엄 피트가 조선에 특사를 보내서 유성룡을 벤치마킹한 게 틀림없습니다.(웃음) 유성룡이 한 일을 다시 정리해보면 세제를 개혁해서 국가 재정을 안정시키고 노비를 해방시키지 않았습니까. 윌리엄 피트도 똑같은 일을 했어요. 미국이 영국과의 독립전쟁에서 이기고 독립한 해에 하필 윌리엄 피트가 영국 수상이 되었어요. 국가의 모든 재정과 물자를 쏟아부은 전쟁에서 졌다는 건 국가 경제가 완전히 바닥났다는 이야기죠. 이런 상황에서 스물네 살 젊은이가 수상이 되었으니 반대가 있었지만 뛰어난 언변으로 의회를 제압했습니다.

제일 먼저 세제를 개혁해 국가 재정을 안정시킵니다. 그때까지는 물자 대금을 금으로 지불했는데, 금을 확보하기 위해 지폐로 지불하기 시작합니다. 영국 중앙은행은 1797년 2월 26일 최초로 1파운드짜리와 2파운드짜리 지폐를 발행합니다.

영국은 전통적으로 보수주의 토리당과 자유주의 휘그당이 이끄는 양당제였는데, 윌리엄 피트는 휘그당을 이끌면서 노예금지법을 주창했어요. 살아서는 그 꿈을 이루지 못했지만, 윌리엄 피트가 죽은 다음 해인 1807년 노예금지법이 통과되었습니다. 1833년부터 노예제가 영원히 사라졌죠.

신의 한 수: 이순신과 넬슨을 발탁하다

이정민 유성룡은 뛰어난 인재도 많이 발굴했죠?

신병주 네, 맞습니다. 어떠한 다른 업적보다도 주목할 만한 점이죠. 권

NELSON
O.K

율 장군은 의주목사로, 이순신 장군은 전라좌수사로 천거했죠. 이순신 장군의 경우 직전 관직이 정읍현감이에요. 정읍현감은 종6품직이고 전라좌수사는 정3품이니까, 7등급이 올라간 거죠. 너무 파격적이라서 낙하산 인사가 아니냐며 말이 많았는데 유성룡은 기꺼이 수용합니다. 이것이 바로 신의 한 수 아닌가요? 임진왜란에서 이순신의 승리가 없었다면 조선이 어떻게 됐겠어요.

이원복 정말 이렇게 똑같을 수도 있나요. 유성룡에게 신의 한 수가 이순신이라면, 피트에게 신의 한 수는 넬슨이거든요. 윌리엄 재임 당시 트라팔가르 해전이 일어납니다. 이 트라팔가르 해전의 승리 덕분에 나폴레옹이 영국을 넘보지 못했다는 점까지도 닮았네요.

심지어 윌리엄 피트는 이순신 장군과도 비슷한 점이 있네요. 트라팔가르 해전에서 승리를 거둔 1805년 12월 2일에 아우스터리츠 전투가 벌어집니다. 프로이센과 오스트리아, 영국의 연합군이 나폴레옹 군대와 붙어서 대참패를 당해요. 프랑스가 그 승리를 기리기 위해 파리 한복판을 지나는 역 이름을 아우스터리츠라고 했을 정도니까요. 세계사를 바꾼 대승을 겪은 해에, 세계사에 남을 대패 소식을 전해들은 윌리엄 피트가 충격으로 쓰러져 사망합니다. 마흔일곱의 나이에 말입니다. 노량해전에서 적군의 포탄에 맞아 전사한 이순신 장군이 나라를 걱정하며 마지막으로 남긴 말이 "나의 죽음을 적에게 알리지 말라!"였죠. 윌리엄 피트가 마지막으로 남긴 말도 비슷합니다. "오, 나의 조국이여!"

신병주 이순신 장군이 1598년 11월 19일에 노량해전에서 전사한 바로 그날, 유성룡 선생도 실각합니다. 두 재상의 운명이 참 묘하게 닮아 있네요.

이정민 유성룡 하면 이순신 장군 이야기를 빼놓을 수 없는데요, 어려서부터 알고 지낸 사이라면서요?

신병주 유성룡은 서울 목사동에, 이순신은 인원동에 살았어요. 목사동은 남산 근처로 지금 한옥마을이 있는 곳이고, 인원동은 지금은 사라진 명보극장이 있던 자리였어요.

이정민 유성룡은 안동 하회마을 출신 아닌가요?

신병주 하회마을은 본가가 있는 곳입니다. 유성룡 선생은 의성 외가에서 태어나서 안동 본가에서 어린 시절을 보내다가, 과거에 급제해 서울에 올라와선 주로 남산 자락에서 지냈습니다. 이순신 장군이 지낸 곳이 명보극장 자리, 지금의 충무로 일대인데 그때는 높은 건물도 없었으니 서로 다 보이는 한 동네나 다름없었겠죠. 《징비록》을 보면 유성룡이 세 살 많은데, 어려서부터 지혜롭고 담력도 있던 동네 동생 이순신을 귀여워했죠. 성장 과정부터, 두만강 일대에서 여진족을 물리치는 군인으로 복무한 젊은 시절까지 쭉 지켜본 겁니다. 그래서 임진왜란이라는 위기의 시기에 적임자라고 여겨서 바로 천거할 수 있었어요.

이정민 윌리엄 피트에게도 그러한 절친이 있었나요?

이원복 네, 있지요. 케임브리지 대학에서 만난 동갑내기 윌리엄 윌버포스가 뜻을 같이하는 친구였어요. 윌리엄 피트가 평생을 바친 노예제 폐지의 꿈을 이뤄낸 사람이 바로 윌버포스거든요. 대학에서 만나 의기투합을 한 두 사람이 함께 헌신했으나, 피트는 결실을 보지 못한 채 죽지 않았습니까. 피트가 사망한 이듬해인 1807년 노예금지법이 제정되는 데 윌버포스가 큰 역할을 했습니다. 1833년 마침내 노예제가 폐지될 때까지 윌버포스가 혼신의 노력을 다했죠.

유서 깊은 가문에서 엘리트 코스를 밟다

이정민 동양이나 서양이나 장남을 중시했던 건 마찬가지죠. 그런데 공교롭게도 두 사람 모두 둘째 아들이네요.

신병주 유성룡은 1542년 황해도 관찰사였던 유중영의 둘째 아들로 태어났습니다. 형 유운룡과 우애가 깊었어요. 형이 공부하던 집은 겸암정사, 유성룡이 공부하던 집은 옥연정사라고 해서 지금도 남아 있습니다. 하회마을에서 보면 강물길을 따라 옥연정사는 동쪽에, 겸암정사는 서쪽에 자리 잡았어요. 절벽인 부용대를 중심으로 동과 서에 위치했기 때문에 가로질러 가려면, 절벽으로 난 오솔길로 다녀야 했어요. 형제가 서로 만나기 위해, 지금 가봐도 무서운 절벽 길을 마다하지 않았던 거죠. 그래서 이 길을 '우애의 길'이라고 부릅니다. 하회마을에 가면 형 유운룡이 살던 양진당과 동생 유성룡이 살던 충효당이 잘 보전되어 있습니다. 그쪽으로 나들이 가시면 한번 들러보셔도 좋을 겁니다. 참고로 말씀 드리면 하회마을은 유네스코 세계 문화유산으로 지정됐고, 1999년 엘리자베스 여왕이 다녀간 것으로도 유명하죠.

이원복 아버지 피트는 원래 젠트리(gentry) 출신이에요. 혈통 귀족이 아니라 수상이 된 후에 1대 채텀 백작 작위를 받았습니다. 첫째가 존 피트, 둘째가 윌리엄 피트인데, 장남인 존이 작위를 물려

받아서 2대 채텀 백작이 되죠. 차남인 윌리엄 피트는 죽은 뒤에 귀족으로 추존되었어요.

윌리엄 피트는 선천성 통풍으로 고생하는 등 어려서부터 병약했지만 양쪽 집안으로부터 좋은 성향들을 잘 물려받은 데다 그 기질들을 잘 살린 덕분에 역사에 길이 남는 인물로 성장하죠. 외가 쪽도 수상을 배출한 집안입니다. 수상을 지낸 조지 그렌빌의 여동생인 어머니 헤스터 그렌빌로부터는 단호함과 결단력을, 아버지 피트로부터는 재기와 추진력과 행동력을 물려받았어요. 그러니 스물네 살에 수상의 자리에 오를 수 있었던 거죠.

신병주 유성룡의 일대기를 기록한 연보를 보면 네 살에 이미 글을 깨쳤고, 열다섯 살 때 향시에 급제했고, 스무 살 때 퇴계 선생의 제자가 됩니다. 같은 안동이지만 하회마을이 있는 풍산 지역과 퇴계 이황 선생이 학생을 가르친 도산서당이 있는 예안은 거리가 꽤 멀어요. 당시에는 지금처럼 통학하는 게 아니라 며칠간 기숙하며 공부했기 때문에 가능했을 겁니다. 동문수학한 학봉 김성일의 기록에 따르면 퇴계 선생이 남을 칭찬하는 일이 드문데, 유성룡에 대해서만큼은 칭찬을 아끼지 않았다고 해요. 당시 유생이 공부를 하는 목표가 과거 급제잖아요. 먼저 생원, 진사시를 합격해야 성균관에 들어갈 수 있는 자격이 주어져요. 유성룡은 스물셋이라는 비교적 이른 나이에 양시에 합격해 성균관에 들어가요. 관리 자격 시험인 2차 문과 시험을 치러서 스물넷에 급제하여 본격적인 관직 생활을 시작합니다. 요즘으로 치면 9급 공무원이죠. 종9품에서 출발해 승승장구해요. 정6품인 이조좌랑과 정5품인 이조정랑을 역임합니다. 이조의 좌랑과 정랑은 오늘날의 총무과나 인사과 같은 부서예요. 관리들의 인사를 좌우하는 직책이니까 요직이죠. 또 왕의 비서실장 격인 도승지, 경상도관찰사, 그리고 이조판서, 예조판서, 병조판서 등 중앙의 요직을 두루 거쳐요. 임진왜란 때는 좌의정을 지냅니다.

"오, 나의 빚 4만 파운드여!"

이원복 윌리엄 피트는 파란만장한 시대에 재상을 지낸 사람입니다. 세계 역사를 뒤바꾼 세 가지 사건, 미국의 독립전쟁, 프랑스혁명, 나폴레옹 전쟁이 일어난 시기에 영국의 수상이었으니까요. 숙명의 라이벌, 보나파르트 나폴레옹과 재임 기간 내내 경쟁 가도를 달렸습니다. 스물넷에 수상이 된 윌리엄 피트 입장에서 자신보다 열 살이나 어린 나폴레옹이 세계를 정복하겠다고 나섰으니 얼마나 눈엣가시 같았겠어요. 나폴레옹 입장에서는 맨날 골골거리는 병약한 피트가 일찌감치 수상 자리를 꿰차고는 자신을 견제하는 게 싫었겠죠. 결국엔 윌리엄 피트가 졌어요. 아우스터리츠 전투의 대패 소식을 듣고 쓰러진 지 50여 일 만에 죽었으니까요. 세계사적으로 손꼽는 패배였으니 정말 목숨을 잃을 만큼의 충격이었을 겁니다.

그러나 윌리엄 피트가 심약하기만 한 사람은 아닙니다. 나이 어린 윌리엄 피트가 수상을 하겠다고 했을 때, 반대당인 토리당에서는 난리가 났죠. 수적으로 다소 우세했던 소속당이 밀어붙여서 당선이 되자마자 윌리엄 피트는 의회를 해산시킵니다. 그의 단호함이 엿보이는 대목이죠. 의회를 해산한 뒤 다시 선

거를 치러서 휘그당이 절대 다수를 차지하고 나니 토리당은 찍소리도 못하게 됩니다.

게다가 윌리엄 피트는 나폴레옹에 대해서는 무조건 싸워야 한다는 강경한 입장이었죠. 앞에서 언급했듯 1801년에는 아일랜드 문제로 사표를 던져요. 피트가 물러나 있는 3년 동안 수상을 맡은 헨리 애딩턴은 공교롭게도 나폴레옹과 싸우지 말자는 입장이었어요. 보수당인 토리당 소속이기도 했거니와 개인적으로는 몸을 굉장히 사렸어요. 유럽 전역이 나폴레옹의 기세에 눌려있는 상황인데, 영국만 저항할 순 없다는 거였죠. 1802년 아미앵 조약을 맺어 나폴레옹과 손을 잡습니다. 영국을 침범하지 않는다는 조건으로 화약을 맺었으니 나폴레옹에게 무릎을 꿇은 거나 다름없죠. 나폴레옹이 가만둘 리 있나요. 이듬해 나폴레옹이 영국을 공격합니다. 영국의 조지 3세가 깜짝 놀라서 윌리엄 피트를 다시 불러들였고 윌리엄 피트는 1804년 수상직에 복귀합니다. 이제는 강경 노선을 굳게 지켜 나폴레옹과 전쟁을 벌였어요. 1805년 트라팔가르 해전에서 대승을 거뒀는데, 그해 말 아우스터리츠에서 대패하고 말았죠.

신병주 유성룡도 관직에서 물러난 적이 있어요. 유성룡을 반대하는 사람들은 임진왜란 때 명군을 참전시킨 것을 두고 유성룡이 화의(和議)를 주장했다고 비방했어요. 왜적을 물리친 뒤에도 명군이 한반도에 체류하는 것에 대해 유성룡이야말로 강경하게 반대했는데 말이죠. 남의 땅에 와 남의 전쟁에 끼어든 상황에서 명군이야 사실 적극적으로 싸울 의사가 없으니까, 강화 조약만 맺으려고 했어요. 그런 명군을 설득하고 달래는 과정에서 어쩔 수 없이 명군의 요구에 따라 강화 조약을 체결했는데, 그것이

정치적 부담으로 돌아온 거죠. 명 황제가 조사관을 파견했는데, 명군의 지휘 본부와 조사관의 사이가 좋지 않아서 보고가 제대로 이루어지지 않았어요. 조선이 일본과 연합해서 명을 공격하려고 한다는 등 아무렇게나 풍문을 전한 거예요. 이를 해명하기 위해 명 황제에게 특사를 파견해야 하는 상황까지 빚어졌어요. 이때 선조가 유성룡을 사신으로 임명했음에도 유성룡은 명의 내분에 휘말리고 싶지 않다며 안 갔어요. 이에 선조가 단단히 화가 났죠.

게다가 이 무렵부터 당쟁이 본격적으로 시작되었습니다. 동인과 서인으로 나뉘었다가, 동인이 다시 남인과 북인으로 나뉘거든요. 그런데 유성룡이 바로 남인의 영수였으니 북인이 자신들의 정치적 입지를 다지기 위해 유성룡을 공격했죠. 주화오국(主和誤國), 화의를 주장하느라 나라를 그르쳤다고 상소를 올리는가 하면 군대를 선발하는 과정에서 사사로운 이익을 꾀했다고 모함합니다. 유성룡의 적극적인 개혁 정책들이 졸지에 이권 사업으로 둔갑했어요. 결국 유성룡이 탄핵됩니다. 이런 말까지 듣고 관직에 있을 수 없어서 유성룡이 사직 상서를 올리죠. 임진왜란이 막바지에 이른 1598년 11월 19일 노량해전에서 이순신 장군이 전사한 바로 그날, 사직을 윤허하는 공문이 내려옵니다. 고향으로 돌아온 유성룡은《징비록》을 집필하기 시작합니다.

이정민 전시는 아니지만, 지금 우리에게도 유성룡이나 윌리엄 피트가 보여준 리더십이 절실하지 않나 싶습니다. 이 시대에 필요한 유성룡, 이 시대가 요구하는 윌리엄 피트는 어떠한 모습일까요?

이원복 거기에 이순신 장군도 포함하고 싶어요. 이 세 인물의 공통점은 전시건 아니건, 국가를 위해 헌신했다는 것입니다. 사심 없이 소신과 원칙을 단호하게 지켜냈습니다. 오죽하면 윌리엄 피트가 죽으면서 "오, 나의 조국이여!" 다음에 "오, 나의 빚 4만 파운드여!"라고 했다는 우스갯소리도 있어요. 그만큼 자신을 돌볼 겨를이 없었던 거죠.

신병주 유성룡은 현장에서 실천하는 리더이자 자신이 모든 것을 책임지는 리더였어요. 조선 내부의 문제뿐 아니라 명과도 복잡하게 얽힌 상황에서 솔선수범하는 리더십을 보여줬습니다. "미리 징계해서 후환을 조심한다"는 의미의 '징비록'이라는 책 제목만 보더라도 쉽게 알 수 있어요. 전쟁의 여러 상황을 기술하면서 후대에는 이런 실수를 반복하지 않기를 바라며, 자신과 조선이 잘못한 점들을 반성하고 후대 사람들이 대비할 수 있게 한 거예요. 그 가치를 인정받아 개인의 기록물임에도 국보로 지정되었습니다. 번역본도 잘 나와 있으니, 관심 있는 분들은 한번 찾아보세요. 인물 자체로 이미 훌륭한 유성룡이지만 《징비록》은 유성룡을 더욱 빛나게 하거든요.

이정민 임진왜란이라는 절체절명의 위기 앞에서 임금조차 나라를 버리려고 했을 때, 유성룡은 솔선수범해서 리더십을 발휘했습니다. 탁월한 인재를 등용해 적재적소에 배치하고, 많은 법제를 만들어 백성의 삶을 보살폈지요. 영국의 윌리엄 피트 역시 마찬가지였습니다. 넬슨 제독을 발탁해 나폴레옹의 군대를 막아내고, 나라의 재정을 안정시키기 위해 세제 개혁을 단행하는 등 탁월한 리더십을 발휘했는데요. 지금의 우리가 바라는 지도자의 첫 번째 덕목 역시 바로 이런 모습이 아닐까 생각해봅니다.

불후의 영웅

이순신 vs 호레이쇼 넬슨

한국사		세계사
이순신, 한성에서 이정의 셋째 아들로 출생	1545	
	1547	(이반 4세 즉위)
(선조 즉위)	1567	
	1571	(레판토해전)
무과 급제	1576	
부친상으로 관직에서 물러남	1583	
사복시 주부로 다시 관직에 나감	1586	
여진족과의 싸움에서 패배	1587	
정읍현감이 됨	1589	(앙리 4세 즉위)
유성룡의 천거로 전라좌도 수군절도사로 임명됨	1591	
거북선 제작		
(임진왜란 발발) 한산도해전 승리	1592	
삼도수군통제사에 임명됨 (행주대첩)	1593	
(정유재란 발발) 백의종군	1597	
다시 삼도수군통제사에 임명됨		
명량해전 승리		
(도요토미 히데요시 사망) 노량해전에서 전사	1598	(낭트 칙령)
	⋮	
	1758	**호레이쇼 넬슨,** 영국 노퍽에서 출생
(사도세자 사망)	1762	
	1770	해군 입대
(정조 즉위)	1776	
	1777	해군 부관이 됨
	1783	(영국, 미국 독립 승인)
	1794	코르시카 칼비 해전에서 오른쪽 눈을 잃음
	1797	산타 크루즈의 전투에서 부상을 당해 오른팔을 잃음
	1798	엠마 해밀턴과 사랑에 빠짐
(순조 즉위)	1800	
	1801	청색 부제독(해군 서열 6위)이 됨
		코펜하겐 해전 승리
	1804	백색 부제독(해군 서열 5위)이 됨
		(프랑스, 나폴레옹 1세가 황제에 즉위)
	1805	트라팔가르 해전을 승리로 이끌고 전사

대한민국의 수도 서울, 그 중심이라 할 수 있는 광화문 광장에는 큰 칼을 옆에 찬 이순신 장군 동상이 우뚝 서 있습니다. 그런가 하면 영국의 수도 런던의 한복판 트래펄가 광장에는 넬슨 제독의 기념비가 세워져 있습니다. 조선과 영국을 위태롭게 했던 큰 전쟁에서 나라를 구한 두 영웅의 동상이 지금도 양국의 수도 한복판을 지키고 있는데요, 닮은 점이 많아서 종종 비교되는 이순신 장군과 넬슨 제독의 생애를 낱낱이 그리고 샅샅이 파헤쳐보겠습니다.

"나를 이순신에게 비하는 것은 감당할 수 없다"

이정민 이순신을 발탁하고 임진왜란을 기록한 유성룡이 쓴 《징비록》은 어떤 책인가요?

신병주 임진왜란 때 영의정을 지낸 유성룡이 벼슬에서 물러나 낙향해 있을 때, 임진왜란의 상처를 극복하고 훗날을 대비하자는 취지에서 저술한 책입니다. '징비(懲毖)'라는 말은 《시경》에 나오는 구절인데요, "나는 미리 징계하여 후환을 삼간다", 즉 미리 벌해서 조심한다는 뜻이죠. 임진왜란 7년 전쟁에 대한 반성의 기록인 셈입니다.

유성룡은 1542년부터 1607년까지 살았고, 선조 때 최고의 직책인 영의정을 지냈습니다. 명에 원병을 요청할 때나 평양성을 탈환하는 그 위험천만한 현장에 빠지지 않았던 재상이었죠. 또 이순신을 천거한 사람이 바로 유성룡입니다. 전쟁이 일어나기 1년 2개월 전에 정읍현감으로 있던 이순신을 파격적으로 7등

급이나 올려 전라좌수사로 천거했는데, 이게 바로 신의 한 수가 아니었습니까. 덕분에 이순신이 임진왜란에서 결정적인 역할을 할 수 있었죠.

이정민 그렇죠. 만약에 유성룡이 이순신을 천거하지 않았더라면 임진왜란 이후 우리나라 역사는 어떻게 되었을까요. 《징비록》에서는 임진왜란과 이순신에 대해 어떻게 평가하고 있나요?

신병주 유성룡은 임진왜란 당시 국정의 최고 책임자로서 군사를 편재한다든가 명군을 접대한다든가 하는, 거의 모든 상황을 총괄했잖습니까. 《징비록》은 백성의 부담이 커지고 나라가 피폐해지는 위기를 자신이 어떻게 극복하고 헤쳐나갔는지를 잘 담고 있죠. 임진왜란 당시 최고 재상의 눈으로 임진왜란을 정리한 최고의 다큐멘터리라고 할 수 있습니다.

그리고 《징비록》에 이순신에 대한 이야기가 상당히 많이 나옵니다. 예를 들어 이순신을 파격적으로 승진시킬 때 많은 사람이 그 자질을 의심한 것을 알고 있지만, 한 점의 부끄럼도 없다고요. 어릴 적부터 이순신을 알고 있었다고 해요. 담력과 지략이 있고 말타기와 활쏘기를 잘하고 또 여진족이 침략했을 때도 크게 공을 세웠기 때문에, 이순신이 전라좌수사를 맡을 자격이 충분하다고 판단했다고 해요.

이정민 이런 이순신에 자주 비견되는 세계사 속 인물이 많이 있죠?

이원복 뭐니 뭐니 해도 트라팔가르 해전을 승리로 이끈 영국의 호레이쇼 넬슨 제독이죠. 특히 마지막 전장에서 전사했다는 점에서 이순신과 닮았어요. 이순신은 "나의 죽음을 적에게 알리지 말라!"고 했죠? 기독교 국가에서 자란 사람이니까, 넬슨 제독은 "나의 임무를 다하게 해준 신께 감사드린다"고 했어요. 두 장군다 죽는 순간까지 자신의 소임을 다했다는 점이 비슷하죠.

이정민 그런데 일본의 도고 헤이하치로 해군 제독이 "나를 넬슨에게 비하는 것은 가하나, 이순신에게 비하는 것은 감당할 수 없는 일이다"라고 말했다는데, 자신과 비교할 수 없을 만큼 이순신이 대단한 인물이라는 얘기겠죠?

이원복 당연합니다. 이순신과 넬슨은 급이 달라요. 넬슨 제독은 적군의 배 33척을 27척으로 상대했어요. 물론 차이가 나기는 하지만 해볼 만한 차이거든요. 게다가 넬슨은 병참을 지원받고 있었어요. 무기며 식량을 지원받았기 때문에 얼마든지 싸울 수 있는 여건이 마련된 상황이었습니다. 하지만 이순신 장군은 어땠나요? 전선 300여 척으로 무장한 적군을 12척으로 무찔렀단 말이죠. 이렇듯 너무도 다른 상황이었고, 차원이 달랐기 때문에 도고 헤이하치로가 그렇게 이야기한 거죠.

신병주 방금 말씀하신 내용이 바로 명량해전이죠. "신에게는 아직 12척의 배가 남아 있습니다"라는 말이 유명하잖아요. 《조선왕조실록》을 보면 김응추라는 인물이 배 한 척을 더 가져와요. 그래서 역사학계에서는 13척으로 보고 있습니다.

이원복 13척이냐, 12척이냐는 도긴개긴 아니겠습니까.(웃음)

신병주 맞습니다. 그런데 한때는 12척이냐 13척이냐를 묻는 시험 문제가 나오기도 했어요. 또 영화 〈명량〉이 한창 흥행하던 2014년에도 많이들 묻더라고요. 시중에 유통되는 한국사 개설서에도 다르게 쓰였다면서 말이지요. 이순신이 임금에게 장계를 올릴 때에는 12척이 맞습니다. 그다음에 전황을 정리해서 보고할 때에 13척이 되었던 거죠. 워낙 적은 배로 전쟁을 치렀다 보니까, 사람들이 숫자에 민감한 것 같습니다.

이정민 이순신과 넬슨이 활약한 시대를 비교해볼까요.

신병주 이순신은 1545년에 태어나서 1598년에 전사했죠. 명량해전이 한 해 전인 1597년 9월의 일이니까, 당시 우리 나이로 쉰셋이었네요. 이미 어느 정도 연로한 상태였습니다.

이원복 넬슨은 1758년에 태어나서 1805년에 세상을 떠났어요. 영국을 위해 평생 몸을 바친 사람이에요. 한 전투에서는 오른쪽 눈과 눈썹을 잃었고 다른 전투에서는 오른팔을 잃었죠. 장애가 있으면서도 죽을 때까지 전투를 이끌었다는 점에서 참 대단한 장군입니다.

이정민 정말 놀랍네요. 만약 넬슨이 이순신의 위인전이나 전투 기록 등을 접할 수 있었다면 어땠을까요?

신병주 일본에서는 임진왜란 이후부터 《징비록》이 유통되고 있었어요. 일본의 여러 기록에도 이순신이나 전투에 대한 기록과 삽화가 나와요.

이원복 넬슨이 이순신의 전투 기록을 접했을 가능성을 완전히 배제할 순 없어요. 일본과 네덜란드는 1600년대부터 교역이 잦았어요. 데지마(出島)라고 해서 일본의 한 섬을 아예 네덜란드 사람들의 거주지로 만들었죠. 네덜란드 선장이 매년 지금의 도쿄인 에도로 와서 쇼군에게 유럽 정사를 보고했을 정도였습니다. 마찬가지로 일본 정부도 아시아에서 있었던 일을 이야기했겠죠. 도쿠가와 이에야스가 에도 막부를 세운 건 이순신이 전사한 뒤의 일이니, 조선에 이순신이라는 장군이 있었다는 것과 엄청난 전투를 치렀다는 것 정도는 이야기할 수 있었으리라 생각해요.

경험과 소통의 리더십

이정민 두 사람 모두 해군이었어요. 바다와의 인연은 어떻게 시작되었나요?

신병주 이순신은 덕수 이씨 양반 가문에서 태어났기에 원래는 문과 공부를 했던 것 같아요. 할아버지가 기묘사화에 연루되면서 집안이 곤경에 빠지기도 했고, 뒤늦게 자신의 기질을 발견했는지 스물일곱에 무과로 바꿨어요. 공교롭게도 첫 시험에서는 낙방을 합니다. 말에서 떨어졌지만 버드나무 가지로 부목을 대고 끝까지 시험을 치렀다는 유명한 일화가 있지요. 절치부심해서 서른두 살에 급제를 했는데, 초반에 부임했던 곳이 여진족의 침입이 잦은 두만강 일대였어요. 육군이기는 하지만, 두만강과 주변의 녹둔도라는 섬을 관리했기 때문에 수군을 지휘하는 경험을 쌓을 수 있었죠. 결정적으로 임진왜란 발발 1년 2개월 전에 전라좌수사가 되면서 자신의 능력을 발휘할 수 있었습니다.

이원복 넬슨은 열두 살 때 뱃사람이 되었어요. 이전에는 영국의 중등학교인 문법학교에 다니면서 문과 공부를 했어요. 하지만 먹고사는 문제도 있고, 특히 외삼촌이 선장이었던 터라 외삼촌 배의 키잡이로 들어간 거죠. 어려서부터 바다와 친숙했다고 할까요.

신병주 이순신도 전라도로 부임하면서 착실히 바다를 배워나갔어요. 전라도 일대의 지형지세를 일일이 탐색하고, 해전에 능한 군사를 모으면서 만약의 사태에 대비했죠.

이정민 바다에서는 경험이 가장 중요했을 것 같아요. 배라는 제한된 공간에서 모든 걸 해결하려면 바람의 방향, 물길의 특성 등을 알아야 했을 테고요. 그런 상황에서 전쟁을 승리로 이끈 가장

큰 비결은 뭘까요?

이원복 이순신과 넬슨의 가장 큰 공통점은 장군으로서의 리더십입니다. 이순신 장군은 늘 "우리가 두려움을 용기로 바꿀 수만 있다면 어떠한 것도 이룰 수 있다!"는 마음가짐을 가지고 있었어요. 12척의 배로 승리를 이끌 수 있었던 것은 부하들의 충성 덕분이죠. 부하들이 힘을 합쳐 이순신 장군을 믿고 따랐기 때문입니다. 넬슨이 가장 존경을 받는 이유 또한 리더십입니다. 한 사람 한 사람 모두를 친근하게 대하고, 심지어 영국에서는 '넬슨 터치'라는 말이 있어요. 넬슨처럼 인간적으로 따뜻하게 대한다는 거죠. 선원들이 넬슨을 신처럼 믿고 따랐다고 해요. 바다에서는 배라는 제한된 공간에서 지내기 때문에 동료들 간에 반목이 있거나 상관에 대한 불신이 있다면, 배가 침몰하는 것만큼이나 위험하죠. 모든 사람이 그 지휘자를 따르고 복종한다면 오히려 효율이 극대화되고 시너지 효과가 생깁니다.

신병주 이순신 장군이 바둑을 즐겼는데 단순히 취미였다기보다는 부하들과의 소통 수단이었어요. 수담이라는 말도 있지 않습니까? 바둑을 두면서 자연스럽게 부하들과 친해지고 이런저런 이야기를 나눌 수 있었겠죠. 《징비록》에 따르면 한산도에 있을 때 운주당이라는 집을 지었대요. 전쟁 중에 있었던 일에 대해서든, 곤란한 상황에 대해서든 하고 싶은 말이 있으면 언제든 부하들이 수시로 드나들 수 있는 공간을 만든 거죠. 거기서 들은 이야기 중에서 필요한 부분들은 수용하고요. 바로 소통의 리더십을 보여주었습니다.

이원복 전쟁의 승리 뒤에는 반드시 이런 소통이 있기 마련이죠.

학익진을 구사한 이순신, 학익진을 격파한 넬슨

이정민 넬슨과 이순신이 치른 많은 해전 가운데 특히 의미 있는 해전을 꼽자면 어떤 해전이 있을까요?

이원복 열두 살에 배를 탄 넬슨은 그로부터 24년 뒤인 1794년에 코르시카 해전에 출전합니다. 프랑스군과 전쟁을 치르다가 오른쪽 눈과 눈썹을 잃었어요. 자신의 일기에 "나는 이미 끝났다"라고 적었을 만큼, 전쟁터를 누비는 장수가 시력을 잃는다는 건 큰 시련이죠. 그러나 그 절망감을 이겨내고 트라팔가르 해전을 치러내잖아요. 이 해전이 영국 전쟁사에서도 중요하지만, 유럽의 역사를 바꾼 전쟁이기도 해요. 당시 나폴레옹은 계속해서 승전보를 울리며 유럽 대륙을 지배했음에도, 영국은 지배하지 못하고 있었죠. 영국을 지배한다는 건 로마 제국처럼 유럽을 완전히 통일하는 거예요. 영국을 지배하려는 시도를 계속했는데, 그 마지막 전투가 바로 트라팔가르 해전이었어요. 이 싸움에서 진 나폴레옹은 결국 영국을 포기합니다.

이 해전 이후 등장하는 게 '대륙봉쇄령'인데 영국을 고사시키겠다는 뜻이죠. 유럽 대륙을 전부 봉쇄하고, 영국과 교류하는 나라는 모조리 응징하겠다고 발표했어요. 포르투갈과 러시아는 영국과의 무역으로 먹고사는 나라였거든요, 그러니 러시아는 밀을, 포르투갈은 와인을 밀수출하기 시작합니다. 나폴레옹이 약이 잔뜩 올라서 제일 먼저 에스파냐에, 임진왜란 때 일본이 그랬던 것처럼, 포르투갈을 치러 가야 하니 길을 내어달라고 해요. 포르투갈 원정길에서 에스파냐를 잡아먹습니다. 그러자 에스파냐의 속국이던 남미의 여러 나라가 일제히 독립 운동을 일으킵니다. 트라팔가르 해전으로 인해 대륙봉쇄령이 떨어지자, 프랑스는 에스파냐를 침략할 빌미가 생겼고, 남미의 많은 나라가 해방되는 역사가 펼쳐진 거죠. 이렇게 중요한 트라팔가르 해전에서 장렬하게 전사했다는 이야기는 넬슨 제독이 영국 역사에서 영웅 중의 영웅이라는 뜻이기도 합니다.

이정민 이순신 장군 하면 학익진 전술로도 유명하죠.

신병주 학익진 전술을 펼쳤던 전투가 한산도해전입니다. 트라팔가르 해전이 세계사의 흐름을 바꾸었듯이, 한산도해전에서의 승리도 우리 역사에 매우 중요합니다. 만약에 이 해전에서 이순신 장군이 패했다면, 일본군이 호남으로 진출하여 조선군의 식량 보급로를 차단했겠죠. 당시는 일본군이 이미 한성을 점령한 상황이었기 때문에, 남과 북 양쪽에서 일본군이 총공세를 펼쳤다면 조선은 무너졌을 겁니다. 이러한 위기의 기로에서 이순신 장군이 승리를 거둔 거죠. 이를 두고 유성룡은《징비록》에서 "나라를 중흥시킨 공이 있다"고 평가한 바 있습니다.

한산도대첩에서의 승리도 아주 극적이죠. 통영과 거제를 잇는 좁은 해협인 견내량에 일본 배들이 정박해 있다는 소식을 듣고 큰 바다로 끌어내요. 조선군의 함선은 일본 함선보다 훨씬 크기 때문에 좁은 바다에서 전투가 벌어지면 성과가 적거든요. 일본 배가 넓은 바다로 나왔을 때 학이 날개를 펴듯 진형을 갖추고 학익진(鶴翼陣) 전술을 폅니다. 그리고 거북선이 큰 활약을 하죠. 오죽하면 일본 사료에 "조선의 거북선은 장님배"라고 나와요. 거북선이 마구 휘젓고 들어오니까 일본군 입장에서는 거북선이 "눈에 뵈는 게 없다" 싶은 거예요. 도무지 예측할 수가 없으니까요. 일본 배 73척 가운데 66척이 격파되었으니 이런 말이 나올 만도 하죠. 이렇게 해서 한산도해전은 행주산성 전투, 진주성전투와 함께 임진왜란의 3대 대첩 중 하나가 되었습니다.

이원복 이 대목을 보면 넬슨이 꼭 이순신 장군을 알고 있었던 것만 같아요. 트라팔가르 해전이 영국과 프랑스-에스파냐의 전투였기 때문에 트라팔가르가 프랑스와 영국 사이의 바다일 거라고 생각하는 사람이 많지만, 사실 이베리아 반도 남쪽 끝에 있는 해협입니다. 거기에 프랑스군이 집결해 있다는 것을 알고 넬슨이 기습 공격을 한 거죠. 그때 프랑스 해군이 학익진을 펼쳤는데 넬슨 장군이 그걸 역이용해 투탑 체제로 돌진했어요. 선택과 집중으로 대장선을 먼저 공격하고 나머지 배를 풍비박산시켰어요. 이순신 장군과는 정반대의 전략을 쓴 겁니다.

신병주 이순신 장군은 진짜 불패 신화예요. 첫 승리는 거제 앞바다에서 치른 옥포해전입니다. 계속해서 패전만 거듭하던 조선군에게 첫 승전보를 안겨주었다는 점에서 임진왜란의 첫 승리기도 합니다. 그다음은 거북선이 처음 등장한 사천해전입니다. 1592년 7월에 벌어졌던 한산도해전은 일본의 작전을 완전히 무력화함으로써 일본군의 전의를 무너뜨린 전투였죠. 그 여세를 몰아서 부산포전투까지 승리를 거두었는데 여기까지가 임진왜란 중에 벌어진 전투예요.

임진왜란이 끝나고 모함을 받은 이순신 장군은 백의종군했어요. 1597년 정유재란이 일어나지 않았습니까. 그때 삼도수군통제사로 나가 있던 원균이 칠천량해전에서 대패했죠. 원균이 전사하자 할 수 없이 이순신을 삼도수군통제사로 복귀시킵니다. 복귀한 지 채 한 달도 되지 않아 치른 전투가 바로 명량해전이고, 바로 이 명량에서 '12+1'척의 배로 적을 무찔렀죠. 왜선에 대해서도 130여 척이다, 330여 척이다 의견이 분분합니다. 공식적인 기록엔 133척이라고 나오는데, 나중에 이순신 행록(行錄)에는 333척으로 나온단 말이죠. 사실 치열한 전투에서 누가 배를 세고 있겠습니까. 나중에 보고서를 올리면서 대략적으로 가늠하는 거죠. 사정이 그렇다 보니 "뒤에 200여 척이 있었다"라는 일부 기록도 있어요. 오늘날 집회가 열리면 주최 측과 경찰 측이 집회 가담자 수를 추산하는데, 집계가 서로 다르잖아요. 후대에 이순신 장군의 업적을 강조하는 기록에서는 좀 부풀려진 게 아닌가 싶기도 합니다.

이원복 넬슨 제독에게 트라팔가르 해전 못지않게 중요한 해전이 1798년 나일강 해전입니다. 나일강이 워낙 크기도 하고 강과 바다가 만나는 지점에서 벌어진 전투라서 통상 해전이라고 불러요. 나폴레옹은 인도에서 영국을 몰아내고 인도를 차지하고픈 욕심에 이집트를 침공합니다. 수에즈만 지나면 인도로 가는 뱃길이 열리기 때문에 이집트는 영국과 인도를 연결하는 중요한 근거지죠. 4년 전 코르시카 해전에서 오른쪽 눈과 눈썹을 잃은 넬슨이지만 절망하지 않고 분연히 일어나 나일강 해전에서 대승을 거둡니다. 나폴레옹이 혼비백산해서 프랑스로 도망가고 인도 진출의 꿈을 완전히 접었죠. 이로써 영국의 인도 지배가 온전히 굳어졌어요. 영국인들에게는 트라팔가르 해전보다도 오히려 나일강 해전의 역사적 의미가 더 클지도 모르겠습니다.

신병주 영국이나 프랑스 같은 유럽 나라들은 식민지를 놓고 다투니까 넬슨이 훨씬 원거리를 뛰었네요. 이순신은 우리 땅에서 방어 위주로 활동했고요.

영화 〈명량〉에서 펼쳐진 백병전의 비밀

이정민 거북선이 임진왜란을 승리로 이끄는 데 큰 역할을 한 것은 분명하지만, 당시 주력선은 사실 거북선이 아니라 판옥선(板屋船)이었다면서요?

신병주 예, 그렇습니다. 명종 때 을묘왜변을 겪으면서 개발되었습니다. 주력선으로 쓰인 것은 임진왜란 때부터고요. 판자로 지붕을 덮어 집처럼 만들었다고 해서 붙여진 이름인 만큼 배가 무겁고 튼튼해요. 조선군은 방어가 주된 임무여서 배가 안정감이 있어야 하거든요. 또 대포를 잘 쏘려면 배의 균형 감각이 중요합니다. 이에 비해 일본 배는 원거리를 달려와서 싸워야 하니까 배가 작고 가볍죠. 기동력이 뛰어난 대신에 아무래도 안정감은 떨어집니다. 명량해전에서도 보면 조류가 거센 지역이다 보니 그 물살에 일본 배가 심하게 흔들리는데 이것이 일본군 참패의 주요한 원인이 되었어요. 당시 일본군의 주 무기가 조총인데, 흔들리는 배에서는 조준이 쉽지 않을뿐더러 쏴봐야 제대로 맞지가 않죠. 우리 배는 상대적으로 덜 흔들리는 데다가 대포를 쏠 수 있고, 또 더 튼튼하니까 배끼리 부딪쳤을 때 아무래도 유리할 수밖에요.

영화 〈명량〉에서 이순신 장군이 백병전을 외친 장면은, 사실 고증이 충분하다고 보기는 어렵습니다. 칼이나 총 같은 무기를 가지고 적과 직접 몸으로 맞붙어 싸우는 백병전은 일본군에게 훨씬 유리하거든요. 우리는 일본군이 배로 오르지 못하게끔 막아야 하는 입장이었죠. 영화적 재미나 극 중 이순신 장군의 카리스마를 배가시키기 위한 장치가 아니었나 싶어요. 실질적으로 우리는 판옥선과 배에 장착된 함포, 빠른 물살에 잘 적응했던 격군의 우위 덕분에 이길 수 있었던 겁니다.

이원복 맞습니다. 당시 일본은 오랜 내전을 겪은 뒤였습니다. 전투에 이골이 난 일본군과 백병전을 벌여봐야 결코 유리할 게 없습니다.

이정민 이순신 장군은 백의종군으로도 유명하죠. 이순신 장군의 숙적은 일본군도, 원균도 아닌 선조였다는 이야기가 있던데요.

신병주 일본의 모략이죠. 일본군 입장에서는 이순신 장군이 지휘권을 잡으면 불리하거든요. 요시라라는 이중간첩이 침략 정보를 흘립니다. 선조는 출정 명령을 내렸고, 이순신 장군은 미끼 정보임을 알고 출정하지 않았습니다. 일본이 교묘하게 함선 몇 척은 보냈으니 선조가 노발대발한 거죠. 그때 정말 아찔한 상황이 벌어집니다. 선조가 이순신을 극형에 처하라고 했죠. 다행히 많은 신하가 말려서 투옥 정도로 그쳤어요. 옥살이를 마치고 나오자마자 권율 휘하에 배속되어서, 요즘 말로 계급장 다 떼고 백의종군합니다. 원균이 칠천량해전에서 대패하는 바람에 이순신 장군은 예상보다 빠르게 복귀할 수 있었어요.

이정민 넬슨 제독에겐 어떤 라이벌이 있었나요?

이원복 넬슨은 라이벌이 따로 없었어요. 자기 자신과 싸웠죠. 한쪽 눈과 팔을 잃은 상황에서도 어떻게 하면 전투에서 승리할 수 있을까, 부하들을 잘 이끌어갈 수 있을까만을 고민했어요. 앞에서 말씀드렸듯 넬슨 터치라고 하는 특유의 친화력으로 리더십을 완성하기까지, 얼마나 끝없는 자기와의 싸움이 있었겠어요. 넬슨은 역경에 빠진 자신을 훌륭하게 이겨낸 겁니다.

이정민 이순신 장군의 라이벌이라고 한다면 누가 있을까요?

신병주 원균이죠. 이순신이 전라좌수사로 부임했을 때, 원균은 경상우수사였어요. 전라좌수영의 본영은 여수고, 경상우수영의 본영은 거제이다 보니 영역이 겹치기도 했어요. 군 후배인 이순신이 먼저 삼도수군통제사가 되었고, 그의 지휘를 받아야 하는 입장이 됐으니 아무래도 원균은 불편했겠죠. 서로 업무 협조도 잘 안 되었던 것 같아요. 게다가 이순신은 원균의 인품에 대한 비난도 서슴지 않았어요. 《난중일기》를 보면, "원균은 헛소리를 잘한다", "술주정이 심하다"라는 표현이 있어요. 너무 완벽하게만 보이는 이순신 장군의 인간적인 면모이기도 합니다.

최후의 한마디: "나의 죽음을 알리지 마라" vs "신께 감사드립니다"

이원복 이순신 장군은 주로 멀지 않은 바다에서 활약했다 보니 전사 후에 시신을 수습하기가 어렵지 않았을 거예요. 그런데 넬슨은 에스파냐의 트라팔가르에서 전사했단 말이죠. 며칠에 걸쳐 항해를 하고 나면 당시로선 시신이 다 부패하지 않았겠어요? 시신을 어디에 담아 운반했느냐를 두고 럼주 통이다, 꼬냑 통이다, 브랜디 통이다 등 다양한 이야기가 전합니다. 럼주든 꼬냑이든 브랜디든 독한 술에 담아서 영국까지 후송한 거죠.

넬슨이 안치된 관에 얽힌 일화도 재미있습니다. 헨리 8세 시절 웨슬리라는 재상이 있었어요. 그는 자신이 살아 있을 때 미리 화려한 대리석 관을 만들어놨거든요. 헨리 8세가 이 사람을 역적으로 몰아서 쫓아내면서 이 관까지 압수하죠. 정작 이 관을 차지한 건 넬슨입니다. 헨리 8세가 보관해두었던 그 관에 담겨 세인트 폴 대성당 지하에 안치되어 있습니다.

이정민 이순신 장군의 최후는 다들 알고 있죠.

신병주 너무 유명하죠. "전투가 한창 급하니, 나의 죽음을 알리지 말라!" 얼마나 고통스러웠겠습니까. 그런데도 꿋꿋하게 견디며 아군의 사기가 흔들릴까 봐 걱정했죠. 자신의 죽음으로 아군이 동요하여, 전쟁에서 지기라도 하면 큰일이하고 생각한 거예요.

이원복 그 점도 참 닮았어요. 넬슨도 어깨에 총알을 맞았거든요. 그 총알이 사선으로 파고들어 심장을 관통하고는 척추에 가서 박혀요. 그런데도 4시간여 동안 전투를 끝까지 지켜봤단 말이죠. 승리 소식을 접하고 나서야 "나의 임무를 다할 수 있게 해준 신께 감사드립니다"라는 말을 남기고 최후를 맞이합니다.

여기서 흥미로운 건 전과입니다. 트라팔가르 해전에서 프랑스-에스파냐 연합군의 배 33척 중 22척이 침몰된 데 반해, 영국군의 배는 단 한 척도 침몰되지 않았어요. 완벽한 대승이죠. 트라팔가르 해전의 전사자 수를 보면, 프랑스군은 3,200명이나 돼요. 하지만 영국군은 400명이에요. 또 영국군이 프랑스 해군 총사령관을 생포합니다.

신병주 조선의 함선도 전혀 손상되지 않았고, 공식적인 기록상으로 '12+1'척으로 왜선 133여 척에 맞서 싸워 거의 격침시켰기 때문에, 명량해전도 규모면에서나 승리면에서 완벽하다고 볼 수 있어요. 또 노량해전도 조선 수군의 피해는 거의 없는 대승이었습니다. 이순신 장군이 승리를 목전에 두고 최후를 맞았다는 점에서 트라팔가르 해전의 넬슨과 닮았네요.

이정민 지금까지 이순신과 넬슨의 생애를 돌아봤는데요, 그중에서도 이것만큼은 꼭 기억했으면 하는 한 가지를 꼽는다면 뭐가 있을까요?

이원복 이순신과 넬슨은 장렬하게 전사했다는 것 말고도, 친화력 있고 뛰어난 리더십을 가졌다는 공통점이 있지요.

신병주 이순신 장군은 헌신적인 리더십을 몸소 보여줬죠. 그리고 후손들이 가슴에 새길 만한 명언을 많이 남겼어요. "살고자 하면 죽을 것이요, 죽고자 하면 살 것이다", "신에게는 아직 12척의 배가 남아 있습니다" 등등. 비관적인 상황에서도 참으로 긍정적이죠? 겨우 12척이 아니고, 아직 12척이란 말에 '할 수 있다'는 의지가 담겨 있어요. 최후의 순간에도 자신을 희생하면서까지 승리를 독려하잖아요. 유성룡이 《징비록》에서 이순신 장군을 두고 "이 사람은 신이 아니었을까"라고 합니다. 정말 우리 역사에서 신 같은 역할을 한 인물이었을 거예요.

쫓겨난 비운의 왕

광해군 vs 제임스 2세

한국사		세계사
광해군, 선조와 공빈 김씨 사이에서 둘째 아들로 출생	1575	
	1589	(앙리 4세 즉위)
(임진왜란 발발) 세자로 책봉되어 분조를 지휘	1592	
	1598	
(선조의 계비 인목왕후, 영창대군을 낳음)	1606	
조선 15대 왕으로 즉위	1608	
경기도에서 대동법 시행		
임해군을 유배 보내 죽임	1609	
계축옥사	1613	(러시아, 로마노프 왕조 시작)
(허준, 《동의보감》 간행)		
영창대군을 강화도에 유배 보내 증살	1614	(프랑스, 삼부회 소집)
(후금 건국)	1616	
인목왕후 폐위, 서궁에 유폐	1618	
(강홍립, 후금에 투항)	1619	
(인조반정) 폐위되어 강화도로 유배	1623	
(정묘호란)	1627	
	1633	**제임스 2세,** 찰스 1세의 셋째 아들로 출생
(병자호란)	1636	
제주도 유배지에서 사망	1641	
	1643	요크 대공에 서임됨
	1653	(올리버 크롬웰, 의회를 해산하고 호국경이 됨)
(현종 즉위)	1659	
	1660	(찰스 2세, 왕정 복고 후 잉글랜드로 돌아와 즉위)
	1673	(심사율을 제정)
(숙종 즉위)	1674	
	1685	(찰스 2세 사망) 즉위
		종교 문제로 의회와 갈등이 계속됨
	1688	(명예혁명) 프랑스로 추방됨
	1689	루이 14세의 원조로 아일랜드 상륙했으나 패하여 프랑스로 돌아감
		(윌리엄 3세, 〈권리장전〉 승인)
	1701	프랑스 생제르망에서 병으로 사망

우리 역사상 가장 억울한 왕을 꼽자면 조선 15대 임금 광해군이 아닐까 싶습니다. 적장자가 아니었기에 세자가 되는 것조차 힘들었고, 연산군처럼 폭정을 휘두른 것도 아닌데 폭군이라는 누명을 쓰고 반정으로 쫓겨났으니까요. 마찬가지로 17세기 영국에서도, 적장자가 아닌데 왕이 된 것부터 왕위에서 쫓겨나는 과정까지 광해군과 꼭 닮은 왕이 있었습니다. 잉글랜드 스튜어트 왕조의 제임스 2세와 조선의 광해군을 함께 만나보겠습니다.

패륜 군주로 낙인찍힌 광해군

이정민 2012년에 1,000만 관객을 돌파한 영화 〈광해, 왕이 된 남자〉를 비롯해 최근 영화나 드라마에서 가장 많이 다루는 역사적 인물이 광해군이죠. 그래서 꽤나 잘 안다고 여겼는데, 막상 떠올려 보면 아는 게 별로 없더라구요.

신병주 그렇죠. 아마도 광해군이 기구한 삶을 살았기 때문이겠죠. 광해군은 1575년 선조와 후궁인 공빈 김씨 사이에서 둘째 아들로 태어났어요. 산후 여파로 공빈 김씨가 1577년에 사망하자 광해군은 어머니 없이 자랐어요. 공빈 김씨의 첫째 아들인 임해군은 성격이 괴팍해서 어릴 때부터 문제가 많았어요. 또한 임진왜란 때는 일본군에게 포로로 잡히는 등 민폐형 인물이었죠. 그런데도 선조는 후궁 소생에 장자가 아니라는 이유로 광해군의 세자 책봉을 계속 미루었어요. 신하들이 왜란이라는 급박한 시기에 세자 책봉을 더는 늦출 수 없다고 재촉하자, 선조는 어쩔 수 없이 광해군을 세자 자리에 앉힙니다.

왜란으로 나라가 어떻게 될지 알 수 없기 때문에 선조는 조정을 둘로 나눠 자신은 의주로 피란하고, 광해군은 함경도로 피란시켜 분조(分朝)를 맡겼어요. 열일곱 살 광해군은 의병을 규합하는 과정에서 탁월한 재능을 선보이며 의외로 잘 해냅니다. 민심이 광해군에게 쏠리자, 선조는 불안해하면서 광해군을 견제하기 시작합니다.

물론 세습 왕조 사회에서 왕과 아들은 단순히 부자지간이 아니라 권력 관계이기도 해서 상호 경쟁하는 경우가 많습니다. 선조와 광해군, 인조와 소현세자, 영조와 사도세자, 흥선대원군과 고종 등을 들 수 있죠. 조선시대의 왕들은 종종 선위(禪位) 파동을 일으켜 세자와 신하의 충성심을 시험하곤 했는데, 선조의 경우 그 횟수가 스무 번 이상이었던 걸 보면 좀 과한 측면이 있었던 것 같아요.

게다가 1606년 선조의 계비 인목왕후가 영창대군을 낳으면서 적장자가 생기고 맙니다. 만약 선조가 몇 년 더 살았더라면 영창대군이 보위를 물려받았을 것입니다. 하지만 선조가 사망할 당시 영창대군이 세 살밖에 되지 않아서 광해군이 왕이 될 수 있었죠. 선조의 갑작스러운 죽음을 두고 독살 가능성을 이야기하기도 합니다만, 마지막까지 선조를 치료한 사람이 허준입니다. 그런 명의도 고치지 못할 정도로 선조의 병환이 깊었다고 보는 것이 더 일반적이지요.

광해군은 임진왜란 이후 나라가 황폐해진 상황에서 국난을 수습하며 다양한 활약을 펼칩니다. 그러나 동생인 영창대군을 죽이고 어머니를 폐위시킨 죄목으로 왕위에서 쫓겨나죠. 조선 역사상 최악의 군주인 연산군과 함께 성리학 국가에서는 있을 수 없는 패륜 군주로 낙인찍혀 지금까지도 군으로 불리고 있으니 광해군 입장에선 참 억울할 겁니다.

종교 싸움에서 진 마지막 가톨릭 왕, 제임스 2세

이정민 제임스 2세도 왕위에 올랐다가 쫓겨난 것으로 알려져 있는데, 어떤 인물인가요?

이원복 제임스 2세도 광해군과 마찬가지로 장자가 아닌데 왕위에 올랐습니다. 찰스 1세의 셋째 아들로 태어났는데, 형들이 일찍 죽는 바람에 왕이 될 수 있었죠. 또 신하들의 반정으로 왕위에서 쫓겨났다는 것도 광해군과 닮은 점입니다. 재위 내내 신하들과 갈등을 빚은 점도요.

제임스 2세를 알기 위해 영국 역사를 간단히 살펴보지요. 엘리자베스 1세가 처녀 여왕이었기 때문에 후손이 없이 죽습니다. 스코틀랜드의 왕인 제임스 6세가 적자로 선택되어 잉글랜드의 제임스 1세가 됩니다. 스코틀랜드는 전통적으로 가톨릭 국가였기 때문에 제임스 1세도, 그의 아들 찰스 1세도 가톨릭교도였어요. 게다가 찰스 1세는 마찬가지로 가톨릭 국가인 프랑스의 공주와 결혼한 후에 더욱 골수 신자가 되었습니다. 그러다 올리버 크롬웰이 일으킨 청교도혁명에서 패배하여 1649년 참수를 당하죠.

찰스 1세는 아들이 셋이었는데 첫째는 일찍 죽었고, 둘째는 찰스 2세, 셋째가 제임스 2세입니다. 찰스 1세가 참수당한 후 프랑스로 망명갔던 찰스 2세는 크롬웰이 사망하자 다시 잉글랜

드로 돌아와 왕이 됩니다. 젊은 형이 왕이 되었기 때문에 동생인 제임스 2세가 왕이 될 거라고는 아무도 생각하지 못했어요. 찰스 2세는 바바라 파머의 연인으로도 유명하죠. 250명에 달하는 자손을 두었다고 전해지지만 왕통을 이을 적장자는 단 한 명도 없었어요. 그 많은 자녀를 놔두고 동생인 제임스 2세가 왕위를 계승하게 됩니다. 당시로서는 고령인 쉰두 살에 운 좋게 왕이 된 것이죠.

왕으로 복귀하면서 찰스 2세는 잉글랜드 의회의 요구로 성공회로 개종합니다. 그뿐만 아니라 1671년에는 심사율(Test Act)을 제정하기까지 합니다. 잉글랜드 조정의 모든 공직자와 왕은 개신교도가 아니면 맡을 수 없다는 법이에요. 반면 제임스 2세는 왕이 될 것도 아니었기 때문에 가톨릭 신자로 남았어요. 그런데 형이 빨리 죽는 바람에 왕위에 올랐으니 그 문제로 의회와 계속 부딪칠 수밖에 없었죠. 제임스 2세가 왕이 된 후 가장 먼저 한 일이 가톨릭을 부활시키는 것이었어요. 심사율을 폐지하고, 가톨릭 인사를 대거 등용했어요. 대주교도 가톨릭으로 임명하고 개신교 성직자들에게 불이익을 주니, 기득권자인 개신교도들이 가만히 있을 리가 없었겠죠. 개신교도들은 제임스 2세의 딸 메리의 남편인 네덜란드의 윌리엄 3세와 잉글랜드의 왕위를 걸고 협상을 벌입니다. 네덜란드는 개신교 국가였으니까요. 윌리엄 3세가 네덜란드 군대를 이끌고 잉글랜드에 도착했을 때 제임스 2세는 싸우지 않고 도망칩니다. 전쟁이 일어나기는 했는데 피는 흘리지 않았다고 해서 이 사건을 '명예혁명'이라 부릅니다.

이때 가톨릭 국가인 프랑스의 루이 14세가 도와주겠다고 나섰지만 제임스 2세는 잉글랜드 내분에 프랑스를 끌어들일 수 없다면서 거절합니다. 옥쇄를 뺏기지 않으려고 템스강에 던지고 도망가다가 사위인 윌리엄 3세에게 포로로 잡혀요. 그 자리에서 죽게 되면 제임스 2세가 오히려 순교자로 추앙받을 수도 있다고 우려한 윌리엄 3세가 제임스 2세를 프랑스로 보내버립니다.

제임스 2세가 허무하게 쫓겨나고 윌리엄 3세는 부인 메리 2세와 공동 통치를 시작합니다. 현대 영국의 의회민주주의를 확정한 〈권리장전〉을 만들어 "앞으로 가톨릭교도는 왕위를 이을 수 없다"는 것과 "앞으로의 왕위는 윌리엄 3세와 메리 2세의 후손으로 한정한다"고 못박았어요. 윌리엄 3세와 메리 2세가 죽은 다음에는 그들의 딸 앤이 여왕이 됩니다.

제임스 2세는 왕위를 되찾기 위한 시도를 계속 했지만 번번이 실패하는 바람에 프랑스에서 모멸적인 삶을 이어갑니다. 그럼에도 자신의 종교를 버리지는 않았어요. 광해군이 당파 싸움에서 신하들에게 졌다면, 제임스 2세는 종교 싸움에서 졌다고 할 수 있습니다. 길지도 않은 재위 4년 내내 종교를 둘러싸고 싸우다가 '마지막 가톨릭 왕'이 되고 말았죠.

파란만장하고 굴곡진 인생

이정민 다른 형제들도 많았는데 세자가 됐다는 것은 광해군이 그만큼 뛰어났다는 뜻이 아닐까요?

신병주 앞서 말씀드렸듯이 선조에게는 정비 소생의 아들이 없었고, 후궁인 공빈 김씨와의 사이에서 낳은 장자가 임해군인데 성질이 포악해서 문제가 많았죠. 공빈 김씨가 죽은 뒤, 선조가 가장 총애한 인빈 김씨가 낳은 아들이 신성군입니다. 후궁이 예쁘면 그 아들도 예뻐 보이기 마련이니, 사람들은 선조가 신성군을 세자로 마음에 두고 있다고 생각했어요. 임진왜란이라는 위기가 닥쳐 광해군을 세자로 책봉하기는 했어도 선조가 신성군에게 자꾸 마음을 줬고요. 인빈 김씨도 당연히 자기 아들을 왕으로 세우고 싶었을 테니, 선조에게 자꾸 광해군의 부정적인 면을 고했죠. 하지만 신성군이 워낙 어린 데다가 임진왜란으로 위기의식이 고조되었던 상황이라 대안이 없었기 때문에 광해군이 세자로 책봉된 것입니다.

하지만 세자로 책봉된 뒤 분조를 맡은 광해군의 활약이 대단했어요. 열일곱 살밖에 안 된 광해군은 적진 한가운데서 의병들을 규합하고 지휘 본부를 꾸리는 등 적극적으로 군대를 지휘합니다. 의병들의 사기는 올라갔고 민심이 광해군에게 쏠렸죠. 이를 시기했는지, 명군이 합류하고 서울을 수복하자 선조는 바로 분조를 해체합니다.

이정민 아무래도 광해군의 세력이 커지는 걸 선조가 견제한 게 아닐까 싶네요. 제임스 2세 역시 왕세자 시절부터 전쟁에 참여해 공을 많이 세웠다면서요?

이원복 그럼요, 많은 전쟁에 참여했어요. 자신이 왕이 될 걸 기대하진 않았지만, 형 찰스 2세에게 잘 보이려고 했던 것 같아요. 제임스 2세는 전쟁 지휘관으로도 유능했는데, 크롬웰 시절에 프랑스로 쫓겨갔을 때도 프랑스 해군에서 활동하면서 프랑스 제독에게 그 활약을 인정받을 정도였죠. 나중에 왕이 되어 잉글랜드로 돌아왔을 때, 잉글랜드와 라이벌 관계인 프랑스의 해군을 떠나야만 했고 눈물을 머금고 에스파냐 해군과 동맹을 맺습니다. 제임스 2세는 다방면에서 유능함을 보였지만 가톨릭을 끝까지 포기하지 않아서 문제가 되었죠.

신병주 왕자 시절에 전쟁에 참가했다든가, 죽은 뒤에 왕위 계승구도가 완전히 달라졌다든가 하는 점들이 참 절묘하게 닮았네요. 두 사람의 생몰년을 비교해보니, 광해군이 1575년부터 1641년까지, 제임스 2세가 1633년에서 1701년까지더라고요. 60여 년의 시차를 두고 한 사람은 67년, 다른 한 사람은 69년을 살다 갔어요. 이렇게 파란만장하고 굴곡진 삶을 살면서 장수를 했다는 것도 비슷하네요.

광해군의 외교정책 vs 제임스 2세의 종교정책

이정민 전쟁 통에 세자가 된 광해군은 전쟁이 끝나고 폐허가 된 나라의 왕이 되었는데, 왕으로서 가장 먼저 한 일이 뭔가요?

신병주 임진왜란이라는 7년 전쟁이 할퀴고 간 상처가 너무 컸기 때문에 광해군은 즉위 초부터 힘들었어요. 제일 중요한 게 전후 복구였죠. 공식 기록으로 봤을 때 인구도 토지 결수도 확 줄어 있었어요. 하지만 그 폭이 너무 커서 장부 자체의 누락도 의심됩니다. 임진왜란 직전의 인구가 1,000만이 좀 넘었다고 하는데, 전쟁 후 인구가 150만이거든요. 인구의 80퍼센트가 줄었다고 보기는 어려울 것 같고, 대략 150만~200만 명 정도가 희생된 것으로 보입니다.

농업 국가에서 인구 감소와 토지의 황폐화는 굉장히 심각한 사회 문제라서 백성의 삶과 직결되었어요. 특히 특산물을 세금으로 바치는 공납제도를 백성들이 가장 부담스러워했지요. 하급 관리나 중간 상인 들이 방납이라고 해서 공물을 대신 내주고 백성에게 폭리를 취하는 경우가 많았어요. 이를 방지하기 위해 특산물 대신 쌀을 내도록 하는 대동법을 시행했죠. 또 잘살고 못살고를 떠나 가구마다 동일하게 냈던 세금을 토지 결수에 따라 달리 부과하기 시작했어요. 전형적인 부자 증세를 통해 백성들의 부담을 확 줄여나갔습니다.

전쟁으로 경복궁과 창덕궁, 창경궁이 다 소실되는 바람에 선조와 광해군은 정릉동 행궁에서 지내고 있었어요. 왕이 정식 궁궐도 없이 임시 거처에 몸을 맡기고 있었으니, 왕실의 위상 강화와 왕의 체면 유지를 위해 하루빨리 궁궐을 마련해야 했죠. 선조 때 지금의 덕수궁인 정릉동 행궁을 고쳐 지어 궁궐로 삼은 것을 시작으로 궁궐 복구가 시작됩니다. 경복궁은 그 규모가 너무 컸던 탓인지 재건할 엄두조차 내지 못했지만, 제2의 궁궐인 창덕궁을 재건해서 경복궁 대신 정궁으로 삼았어요. 광해군이 재건 사업의 일환으로 창덕궁 후원에 정자를 짓고 진기한 꽃과 나무, 돌 등을 모아 가꾼 덕분에 1610년, 오늘날 한국을 대표하는 정원의 모습이 완성되었습니다. 이렇게 여러 방면에서 전후 복구 사업을 적극적으로 추진했어요.

이정민 제임스 2세는 어땠나요?

이원복 제임스 2세는 왕이 된 후 제일 먼저 한 것이 싸움입니다. 140년 동안 금지되어 있던, 교황 특사의 입국을 허용했거든요. 로마 교황청은 영국 국교, 즉 성공회의 가장 주된 적이었는데, 이 교황청의 특사가 잉글랜드를 방문할 수 있게 한 거예요. 그다음엔 성공회 교회의 수장을 축출하고, 가톨릭 성직자를 보호하기 시작했습니다. 또 가톨릭 중에서도 가장 엄격한 예수회를 허용하고요. 성공회에 대한 탄압을 본격적으로 시작하는가 하면 찰스 2세가 제정한 심사율을 폐지했죠. 개신교도들이 부글부글 끓지 않았겠어요?

1688년 즉위 3년차에는 가톨릭교도인 두 번째 왕비 마리아가 아들을 낳습니다. 그동안 자식은 많았지만 왕위를 이을 적통 아들이 없었거든요. 개신교 입장에서는 큰일이 난 거죠. 제임스 2세에 이어 또 가톨릭 왕을 받아들일 수 없었기 때문에 명예혁명을 일으킵니다. 제임스 2세가 왕으로 있던 4년 동안 성공회와 가톨릭의 싸움이 계속되었는데, 결국 가톨릭이 패배한 거죠.

이정민 제임스 2세의 재위 기간이 비록 4년밖에 안 되지만, 계속 싸우기만 했을까요?

이원복 기간이 워낙 짧은 데다가 매우 치열한 암투 과정이었기 때문에 다른 업적이 남아 있을 수가 없었죠. 제임스 2세는 어떻게 하면 자신의 권력을 뿌리내리느냐, 의회는 어떻게 하면 기득권을 빼앗기지 않느냐에 온 신경을 몰두하고 있었으니까요. 대립의 골이 깊었던 터라 제임스 2세에게 다른 업적이 있었다고 해도 역사 기록에서는 삭제되었을 거예요.

신병주 광해군도 역사의 패자이므로 가장 뛰어난 업적이 오히려 가장 저평가될 수밖에 없었습니다. 당시 중요한 변수로 작용한 것 중 하나가 국제 관계였어요. 강해 보였던 명이 서서히 기울고 누르하치가 여진족을 통일하면서 1616년에 후금을 세웠거든요. 안으로는 전쟁 후유증을 극복해야 했고, 밖으로는 신흥강국 후금을 견제해야 했죠. 후금이 강성해지는 걸 염려한 명이 군대를 요청해 어쩔 수 없이 파병은 하지만, 광해군이 명과 후금 사이에서 중립 외교를 잘 펼친 덕분에 일단 전쟁은 피할 수 있었습니다.

전쟁을 억제했던 광해군의 외교적 역량은 오늘날 인정받고 있어요. 또한 광해군은 국방 강화에도 힘썼어요. 무기를 제작하고 개량했을 뿐 아니라, 그 내용을 담아《화기도감》이라는 책도 편찬했죠. 국방과 외교에 관한 한 뛰어난 왕이었음이 틀림없습니다.

또한 허준으로 하여금 1613년에《동의보감》을 완성하게 한 사람도 광해군입니다. 전쟁 중에 많은 사람이 전염병과 기아에 허덕이면서도 의료 혜택을 못 받으니, 국가적 차원에서 백성을 구제하기 위해 의학서를 마련한 거죠. 선조 때 시작된 이 사업을 광해군이 이어받아 지원을 아끼지 않았습니다. 세자 시절 병을 고쳐준 인연으로 광해군 역시 허준의 능력을 알고 있었기에 선조가 죽고 나서 유배된 허준을 바로 불러들인 겁니다.

역사는 승자의 기록이다

이정민 이토록 뛰어난 왕이 왕위에서 쫓겨났다는 것이 의아한데, 그 이유가 무엇인가요?

신병주 1613년에 계축옥사(癸丑獄事)가 일어납니다. 서얼 일곱 명이 문경새재 부근에서 은을 수송하는 상인을 살해하고 은을 약탈했어요. 요즘으로 치면 은행 금고털이 사건인데, '칠서지옥(七庶之獄)'이라고도 부릅니다. 영창대군의 외조부 김제남이 중심이 되어 영창대군을 추대하기 위해 벌인 일이라는 거예요. 영창대군이 누굽니까, 광해군의 이복동생이자 선조의 적장자죠. 그렇잖아도 광해군에게 영창대군은 늘 부담스러운 존재인데 이런 사건까지 벌어지고 나니 영창대군을 유배할 수밖에요. 증살형(蒸殺刑)이 내려졌고 영창대군은 뜨거운 방에 갇혀 비참한 죽음을 맞습니다. 이 소식을 들은 인목왕후가 서슬이 시퍼래서 죽은 아들의 역성을 들었어요. 광해군은 인목왕후마저 덕수궁에 유폐시키고, 얼마 지나지 않아 폐위하는가 하면 궁궐마저 서궁으로 격하시키죠.

이것이 바로 인조반정의 첫째 명분이 된 폐모살제(廢母殺弟)입니다. 권력에서 소외되었던 서인이 중심이 되어, 성리학 국가에서 용납할 수 없는 일을 저지른 왕을 쫓아내고 나라를 바로 세워야 한다며 1623년 인조반정을 일으킵니다. 두 번째 명분은 중립 외교였어요. 임진왜란 때 조선을 도와준 명의 은혜를 뒤로 하고, 후금과 외교를 맺은 것은 국제 관계의 신의를 저버린 처사라는 거죠. 마지막 명분은 궁궐 건축입니다. 창덕궁과 창경궁을 재건한 것 말고도 인왕산 자락에 인경궁을 새로 지었어요. 규모가 너무 크다는 이유로 경복궁 재건도 포기한 마당에, 경복궁에 감히 비교될 수 없을 정도의 규모로 경덕궁 재건에 나서기도 했고요. 끝도 없이 계속되는 과도한 궁궐 공사에 백성들의 불만이 높아진 점을 이용한 거죠. 이 세 가지 대표적인 명분을 들어 광해군을 폐위시킵니다.

이정민 그렇군요. 이에 비해 제임스 2세의 폐위는 비교적 자연스러워

보입니다.

이원복 제임스 2세는 상황 판단을 잘 못했던 것 같아요. 압도적인 열세에 놓인, 갓 취임한 가톨릭교도가 이미 100년 이상 나라를 장악하고 있던 개신교 세력과 대립하려 했던 거죠. 물론 왕의 무모함 덕분에 영국은 민주주의가 발전할 수 있었지만 말이죠. 명예혁명으로 왕위에 오른 윌리엄 3세가 〈권리장전〉을 마련했다고 말씀드렸죠. 의회의 허락 없이는, 세금을 거둘 수도 함부로 사람을 체포할 수도 없다는 식의 내용이 담겨 있는데, 오늘날 영국을 이루는 의회민주주의의 주요 기반이 그때 마련되었어요.

신병주 명예혁명이니 〈권리장전〉이니 하는 이름들이 하나같이 참 예쁩니다. 조선의 인조반정도 마찬가지죠. 쿠데타나 역모일 수도 있는 사건을 두고, 바른 것으로 되돌린다는 의미로 반정(反正)이라는 이름을 붙였으니까요.

이원복 역사란 것이 승자의 기록이기 때문이겠죠.

시대를 읽는 눈이 필요하다

이정민 왕위에서 쫓겨난 광해군과 제임스 2세는 어떻게 되었나요?

신병주 1623년 3월에 인조반정이 일어나 창덕궁에 있다가 체포되어 끌려나갔는데, 광해군을 도와주는 이가 아무도 없었어요. 왕실의 최고 어른인 인목대비에게 반정 승인을 받으러 갔을 때 기록에 따르면 "한 하늘 아래서 같이 살 수 없는 원수"라며 인목대비는 광해군을 죽이자고 했답니다. 그러나 인조와 신하들이 폐위한 왕을 죽이기까지 하지는 않는다고 만류해 강화도의 교동도로 귀양을 보냅니다. 연산군도 교동도로 유배되었는데, 공교롭게도 연산군의 전철을 그대로 밟게 되었죠. 연산군은 유배된 지 두 달 만에 죽었지만, 광해군은 제주도로 유배지가 바뀌었고 18년간의 유배 생활을 거쳐 삶을 마감했습니다. 유배 기간이 재위 기간보다 3년이나 더 길었어요. 정신력이 강한 것인지, 아들과 며느리는 자살하고 부인도 죽는 등 험한 인생사에서도 본인은 장수를 했어요. 조선 왕 중에서 영조, 태조, 고종 다음으로 네 번째로 오래 살았거든요. 유배지에서 사망했지만 무덤은 경기도 남양주시에 조성되어 있습니다. 군으로 강등되었기 때문에 왕릉이라 칭하지도 못한 채 '광해군의 묘'로 지정되었습니다.

이원복 제임스 2세도 폐위된 후 12년을 더 살았어요. 다만 광해군이 유배지에서 초연하게 지냈다면, 제임스 2세는 끊임없이 재기를 노렸습니다. 왕위를 되찾기 위해 별의별 수단을 다 동원했지만 결국 실패하죠.

그래도 루이 14세가 자기 왕실의 사위 같은 존재라는 이유로 생제르망앙라이(Saint-Germain-en-Laye) 성을 하사했는데, 제임스 2세는 거기서 은둔 생활을 하다가 최후를 맞습니다. '제임스 2세 운동' 혹은 '자코바이트(Jacobite) 운동'이라고 해서 제임스 2세의 복위를 주장하는 움직임이 그가 죽고 난 후에도 50여 년간 지속돼요. 그러나 끝끝내 이뤄질 수 없는 꿈이었죠.

신병주 서인 정권은 인조반정 이후 모든 정책에서 광해군과 정반대로 합니다. 광해군을 성리학에 어긋나는 반윤리적인 왕으로 몰았으니, 조선을 철저하게 성리학 국가로 만들어갑니다. 또 후금과 명 사이의 중립 외교가 도리에서 벗어난다고 지적했으니, 국제 관계에서도 '친명배금'이라고 해서 대후금 강경책을 쓰죠. 그 결과 군사 강국인 후금의 침략을 당합니다. 1627년 정묘호란, 1636년 병자호란을 겪으면서 인조가 엄청난 수난을 당하죠. 간혹 사람들이 선조와 인조 중 누가 더 못난 왕이냐고 물을 때가 있어요. 선조는 피난을 떠난 게 한 번인데, 인조는 재위 시절에 무려 세 번이나 피난을 갑니다. 이괄의 난 때 공주로, 정묘호란 땐 강화도로, 병자호란 땐 남한산성으로요. 또한 어찌 됐든 간에 선조는 일본군을 몰아냈지만, 인조는 청 태종에게 굴욕적으로 항복했고요. 그런 면에서 저는 감히 인조가 더 무능한 왕이었다고 봅니다.

또한 마찬가지 측면에서 인조반정이 일어나지 않고, 광해군이 계속 나라를 통치했다면 조선이 더 개혁적이고, 후금과의 전쟁도 막을 수 있지 않았을까 하는 생각을 해봅니다. 아마 이런 아쉬움 때문에 영화나 드라마에서도 광해군이 많이 다뤄지는 거겠죠. 물론 내정만 놓고 본다면 실책이 많아요. 지나치게 북인만 등용했고 반대파를 배제했는가 하면 왕실의 위상을 강화하기 위해 당시 나라 역량에 걸맞지 않은 궁궐 공사를 벌였죠. 광해군은 한편으로는 억울한 과소평가를, 다른 한편으로는 포장된 과대평가를 받고 있는 것 같습니다. 연산군과 묶여 폭군 소리를 들을 정도는 결코 아님에도 쫓겨난 왕이라는 이유만으로 폭군이 되었고, 분명 쫓겨날 만한 빌미를 제공했음에도 그저 아쉽고 안타까운 왕이 되었으니까요. 광해군에 대해서는 양쪽을 동시에 생각해보는 게 중요할 것 같습니다.

이원복 역사에는 만일(if)은 없고 사실(fact)만 있습니다. 사실에서 교훈을 얻어야지 만일을 가지고 상상하는 것은 바람직하지 않아요. 가령 제임스 2세로부터 우리는 '시대를 읽는 눈'의 필요성을 배워야 하지 않을까요? 자신의 이념에만 빠져 있었기 때문에 벌어진 비참한 결과가 아닐까 싶습니다.

시대를 앞선 문호

허균 vs 세르반테스

한국사		세계사
	1547	**세르반테스,** 마드리드 근교에서 출생
	1556	(에스파냐, 펠리페 2세 즉위)
	1564	(잉글랜드에서 윌리엄 셰익스피어 출생)
(선조 즉위)	1567	
허균, 강릉에서 허엽의 셋째 아들로 출생	1569	
	1570	레판토 해전에 참전 부상으로 왼팔을 쓰지 못하게 됨
	1571	(에스파냐, 레판토 해전 승리로 해상권 장악)
	1575	이때까지 해적에게 잡혀 노예 생활
아버지 잃고 문학 공부에 전념	1580	
	1584	에스파냐로 돌아와 혼인
	1585	첫 소설 《라 갈라테아》 발표
	1588	(에스파냐 함대, 잉글랜드 해군에 패하여 해상권 상실)
(임진왜란)	1592	
승문원 사관이 됨	1594	(셰익스피어, 《로미오와 줄리엣》 지음)
황해도 도사로 부임 (이순신, 노량해전에서 전사)	1598	
사예, 사복시정 등을 지냄	1602	
	1603	(잉글랜드 엘리자베스 1세 사망하고 제임스 1세 즉위) (셰익스피어의 〈햄릿〉 첫 상연)
수안 군수로 부임하나 탄핵을 받아 파직	1604	
	1605	《돈키호테》 발표
명 사신을 영접한 공로로 삼척부사가 됨 다시 탄핵받음	1606	
(선조 사망하고 광해군 즉위)	1608	
첨지중추부사를 거쳐 형조참의가 됨	1609	
(계축옥사)	1613	
진주부사로 중국에 다녀옴	1615	《돈키호테》 후속작 발표
	1616	사망 (셰익스피어 사망)
역적모의 혐의로 능지처참을 당함	1618	

홍길동은 누가 뭐래도 우리 역사에서 가장 유명한 소설 주인공일 것입니다. 은행이나 동네 주민센터에 비치된 서류 견본에 가장 많이 등장하는 이름이 홍길동이라는 점만 봐도 알 수 있죠. 세계 역사에서도 이처럼 유명한 주인공이 있으니, 바로 에스파냐의 돈키호테입니다. 심지어 소설 《돈키호테》를 잘 모르는 사람들조차 "돈키호테 같다"는 말의 의미는 알고 있을 정도로 돈키호테는 우리에게 익숙한 이름입니다. 두 주인공은 마침 비슷한 시기에 조선 최고의 천재 작가 허균과, 에스파냐의 국민 작가 미겔 데 세르반테스에 의해 탄생했습니다. 그들이 살았던 16, 17세기 조선과 에스파냐를 만나보겠습니다.

홍길동과 돈키호테, 사회 모순을 비판하다

이정민 《홍길동전》과 《돈키호테》는 당시 조선과 에스파냐의 사회 모순을 비판했다는 평가를 받고 있습니다. 특히 《홍길동전》은 최초의 국문 소설로 유명하고, 《돈키호테》는 에스파냐뿐 아니라 유럽 최초의 근대 소설로 알려져 있죠. 먼저 《돈키호테》의 배경인 에스파냐로 가볼까요?

이원복 흔히 《돈키호테》라고만 알고 있지만, 소설의 원래 제목은 《재치 있는 이달고 라만차의 돈키호테》입니다. 이달고(hidalgo)는 이호 데 알고(hijo dé algo)의 줄임말로, 직역하면 '그 무엇의 아들'이라는 뜻이에요. '그 무엇'이란 아주 대단한 존재도, 그렇다고 아주 하찮은 존재도 아닌 어정쩡한 것을 나타내죠. 이 어정쩡한 존재의 아들이란, 귀족 혈통을 타고나지 않은 하급 귀족을 가리

키는데, 이들을 영국에서는 젠트리(gentry)라 부르고 독일에서는 융커(Junker)라고 부릅니다. 우리말로 다시 정리하면 '재치 있는 하급 무사, 라만차 지방의 돈키호테' 정도가 되겠죠.

1492년 에스파냐는 영토 내의 마지막 이슬람 왕국을 멸망시키고 가톨릭 국가를 건설합니다. 또 같은 해에 크리스토퍼 콜럼버스는 아메리카 신대륙을 발견하고요. 에스파냐는 국토, 정치, 문화, 종교의 통일과 신대륙 발견을 통해 막강한 국가로 떠올랐어요. 동시에 통일성만큼이나 강해진 배타성으로 나라의 중추를 담당하던 유대인과 아랍인을 쫓아내면서 국가의 몰락도 시작되었죠. 독특하게도 한 나라의 흥망이 교차한 겁니다. 16세기 그러니까 1500년대는 에스파냐의 최전성기였고, 《돈키호테》가 등장하는 17세기는 하급 무사인 이달고 계급의 몰락과 더불어 에스파냐가 몰락한 시기였어요. 기울고 있는 나라의 모습과 쇠잔해가는 기사의 모습이 절묘하게 맞아떨어지면서 사람들에게 큰 호응을 얻어낼 수 있었죠.

통일되고 나자 일이 없어진 이달고들은 대개 남미 정복을 떠나게 되는데, 에스파냐에 남아 있는 이달고들은 세상이 바뀐 줄도 모르고 무사나 귀족으로서 누렸던 과거의 영화에 빠져 지내곤 했어요. 실존 인물은 아닐지라도 돈키호테가 그 대표 인물이죠. 이 허황된 이달고들이 맨날 하는 일이라고는 무사 소설을 읽는 겁니다. 너무 한 가지에 몰두하다 보니 현실과 상상의 세계를 혼동하기 시작해요. 그렇게 머리가 이상해진 돈키호테는 세상을 구하기 위해 녹슨 갑옷을 입고 하인과 비루먹은 나귀를 데리고 길을 나서죠.

동시대 에스파냐 사람들이라면 보자마자 배꼽 잡고 웃을 이야기라 책이 나오자마자 히트를 칩니다. 오죽하면 당시 에스파냐의 왕이었던 펠리페 3세가 자신이 길을 지나는데 낄낄거리는 사람이 있다면, 미친 자이거나 아니면 《돈키호테》를 읽고 있는 사람일 거라고 말했다고 하니까요. 소설이 주는 재미가 워낙 크기도 했겠지만, 시시한 귀족 주제에 귀족입네 하고 거들먹거리는 모양새를 꼬집어 긁어주니 시원했겠죠.

이정민 《홍길동전》이 탄생할 당시 조선의 상황은 어땠나요?

신병주 《홍길동전》은 세종 시절을 배경으로 삼고 있습니다. 하지만 작가 허균은 선조와 광해군 때 사람입니다. 조선 중기는 이미 성리학이 강화되어 명분이 중시되고 신분 차별이 극심한 때였죠. 남녀 차별, 양반과 천민의 차별도 심했지만 그중에서도 적자와 서자의 차별을 크게 두었어요. 서얼은 과거에 응시하지 못하도록 아예 법으로 금지했으니까요.

허균은 능력 있는 서얼들이 아무것도 할 수 없는 조선 사회에 부조리를 느낀 거죠. 《홍길동전》에 서얼 출신의 영웅을 등장시켜 이를 비판하고 싶었던 것 같습니다. 또 한편으로는 도적이기는 하지만, 탐관오리나 부정으로 재산을 모은 이의 재산을 뺏어 가난한 백성에게 나눠주는 홍길동을 통해 백성들의 울분을 씻어주고 대리 만족을 느낄 수 있게 한 거죠. 이런 점에서 각광받는 사회 소설이 될 수 있지 않았나 싶습니다.

또 홍길동이 "여덟 살에 총명함이 다른 사람보다 뛰어났으며, 스스로 도술을 익혔다"는 내용이 나오는 걸 보면, 당시에 도술이나 도교가 성행했음을 알 수 있어요. 실제로도 화담 서경덕에 관한 기록에 전우치와 도술을 겨뤘다는 내용이 나옵니다. 전우치라는 인물은 영화와 드라마로 소개되어 다들 잘 아실 거

예요.

홍길동이라는 인물은 효자이기도 했어요. 소설 곳곳에 효와 관련해 고민하는 장면들이 나오거든요. 어느 날 홍길동에게 자객이 닥쳤는데, 그 자객을 보낸 사람이 아버지의 후처인 초란이라는 것을 알고도 살려둡니다. 아버지가 한때 사랑했던 여자를 죽일 수 없었던 거죠. 또 도적으로 성공했음에도 아버지가 고난에 처하자 자수를 합니다. 유교 관념, 그중에서도 효를 철저하게 중시하는 사회였음을 알 수 있습니다.

이정민 홍길동이 실존 인물이라는 이야기도 있는데 사실인가요?

신병주 네, 실존 인물을 모델로 했습니다.《연산군일기》에 보면 홍길동이 "도적의 수괴로서 물건을 훔쳤고" "당상관의 복장을 하고 돌아다녔다"고 나와요. "강도 홍길동을 잡았다고 하니 기쁨을 견줄 수 없습니다. 백성을 위해 해독을 제거하니 이보다 큰 것이 없습니다"라고도 쓰여 있지요. 조정의 입장에서는 상당히 신경이 쓰이는 도적의 괴수이다 보니 당시로서는 결코 긍정적인 캐릭터는 아니었습니다.

허균은 도적을 대표하는 홍길동이라는 실존 인물의 이름을 통해 소설의 인지도를 높인 거예요. 다만《연산군일기》에는 같을 '동(同)' 자로 나오는데, 소설에서는 아이 '동(童)' 자를 썼습니다.

이정민 소설 속에서나 만날 수 있는 인물인 데다 워낙 유명한 이름이라 만약 홍길동이라는 이름이 있다면 소설《홍길동전》이 출간된 이후의 사람일 것이라고 생각했는데, 그 전에 실존했던 인물이라고 하니 흥미롭네요. 동시대에 이미 엄청난 인기를 끈 두 소설의 실제 기록도 남아 있나요?

이원복 여러 기록이 있지만, 출판 부수 등을 구체적으로 드러낸 내용들은 아니에요. 1455년경에 나온 《구텐베르크의 성서》 이후에 1500년대 초에 이르러서야 마틴 루터가 번역한 성서가 출판되기 시작했어요. 그로부터 7, 80년이 지난 때니 인쇄술이 발달했다고는 해도 출판 환경이 지금 같지는 않았을 거예요. 많이 팔려봤자 몇천 부 정도였을 테지만, 필사본을 보던 시대에 몇천 부는 어마어마한 판매량이죠.

신병주 《홍길동전》도 한글 소설이기 때문에 많이 읽히고 많이 팔렸어요. 탐관오리에게 통쾌하게 복수하는 주인공을 통해 백성들은 대리 만족을 느꼈겠죠. 다만 양반들은 기분이 별로 좋지 않았을 거예요. 그런데 꼭 《홍길동전》이 아니더라도 《춘향전》도 양반 도령이 기생과 사랑에 빠지는 내용이고, 안동에서 유행한 하회탈춤도 양반을 풍자하는 내용이었던 걸 보면 조선 후기까지 이어지는 이런 소설의 유행이 서민들의 불만을 해소하는 하나의 흐름이었다고 볼 수 있습니다.

레판토의 외팔이, 세르반테스

이정민 세계적인 베스트셀러를 만들어낸 세르반테스에 대해 좀 더 자세히 알아볼까요?

이원복 세르반테스는 1547년 마드리드 근교에서 7남매 중 넷째로 태어났는데 그 인생이 파란만장해요. 마드리드에서 멀지 않은 도시인 살라망카로 신학 공부를 하러 갔다가 다시 로마로 가서 사제의 비서가 됩니다. 1571년에 그리스 앞바다인 레판토에서 로마의 가톨릭 군대와 오스만 제국의 이슬람 군대가 대결을 벌이는데 오스만 제국은 이 해전에서 지는 바람에 지중해 패권을 잃습니다. 레판토 해전에 포병으로 참전한 세르반테스는 왼팔과 가슴에 총알을 맞았고, 기사회생해서 살아나기는 했지만 평생 왼팔을 못 쓰게 된 까닭에, '레판토의 외팔이(el manco de Lepanto)'라는 별명이 생겼죠. 고향으로 돌아오는 길에는 알제리 해적에게 잡혀 알제리에서 5년을 노예로 지냈어요. 네 번이나 탈출을 시도하지만 번번이 실패했는데, 다행히 삼위일체회에서 돈을 내준 덕분에 풀려나요. 삼위일체회는 해적이나 아랍인에게 포로로 잡혀 노예가 된 그리스도교도를 해방시키기 위해 설립된 수도회입니다.

고향으로 돌아온 세르반테스는 무려 열여덟 살 연하의 여성과 결혼을 합니다. 먹고살 방법을 고민하다가 별 재주는 없지만 자신이 겪은 일을 글로 쓰면 잘 팔리지 않을까 싶어서 소설을 쓰기 시작했어요. 그러나 초기 작품들은 주목받지 못했어요. 어쩔 수 없이 글쓰기를 그만두고 취직을 했는데 이번에는 또 얼마 지나지 않아 사기횡령죄로 감옥에 가게 됩니다. 거기서 쓴 소설이 바로《돈키호테》예요. 1605년에 출판됐는데, 오늘날로 치면 밀리언셀러 수준으로 대히트를 칩니다. 얼마나 인기가 좋았던지 3주 만에 해적판이 나오는가 하면 엉뚱한 사람이 속편을 내놓기도 했어요. 세르반테스도 다음 이야기를 써서 10년 뒤인 1615년에 후편을 출간합니다. 이렇게《돈키호테》가 대박을 치면서 세르반테스도 대문호가 된 거죠. 에스파냐에서《돈키호테》란 에스파냐 문법을 확립한 작품이자 에스파냐 문학을 세계 문학 반열에 올린 작품이거든요. 마드리드 한복판에는 세르반테스와 돈키호테, 산초의 동상이 서 있습니다.

돈키호테적 기질의 소유자, 허균

신병주 허균은 1569년에 태어나서 쉰 살이 되던 1618년에 사망합니다. 선조와 광해군 시절에 학자이자 정치가, 문인으로서 여러 분야에서 자질을 보였습니다. 아버지 허엽도 붕당 정치계에서 동인의 영수로 활약했을 정도로 이름 있는 정치인이었어요. 허균은 3남 2녀 중 3남이었는데, 맏형 허성은 임진왜란이 일어나기 직전에 통신사로 일본에 다녀왔고, 둘째 형 허봉도 상당히 명망 있는 문인이었어요. 누이 난설헌 허초희는 유명한 시인이었죠. 어찌 보면 기행을 일삼은 허균이야말로 돈키호테적 기질이 강한 인물이었는데, 이 때문에 관직에 있으면서도 파직과 복직을 거듭했죠. 허균은 명문가의 후손임에도 홍길동처럼 서얼로 오해하는 사람이 많을 정도로 행실이 자유분방했습니다. 스승인 이달을 포함해 서얼들과 교류가 많았던 탓도 있고요. 이달은 시를 잘 지어서 최경창, 백광훈과 함께 선조 때 삼당파(三唐派) 시인으로 불렸으나, 신분이 서얼이라 제대로 평가받지 못했습니다. 스승의 불운을 보고 느낀 바를 통해 홍길동이라는 인물을 탄생시킬 수 있었던 것 같아요. 직선적이고 과격한 허균이었기에 부조리한 서얼 문제를 반드시 짚고 넘어가야겠다고 생각했을 겁니다.

결정적으로 1613년에 '칠서지옥' 사건이 일어나죠. 서양갑, 박치의, 이경준 등 명문가 서얼 일곱 명이 일으킨 사건으로 밝혀졌죠. 서얼들이 자금을 모아 영창대군을 왕으로 삼으려고 역모를 꾀한 것인데, 이들은 다름 아닌 허균이 자주 어울리며 후원했던 사람들이었어요. 서얼이 세상을 바꾸려다 실패한 사건을

《홍길동전》이라는 소설로 형상화한 것이죠.

이정민 그렇다면 《홍길동전》은 서얼들의 역모 사건을 긍정적으로 재탄생시킨 소설인 셈인데, 당시로서는 굉장히 위험한 시도가 아니었나요?

신병주 자유분방하면서 진보적이고 돌발적인 허균 자체가 상당히 위험한 인물로 평가되었죠. 《조선왕조실록》 전체를 통틀어 최악의 평가를 받은 사람이 허균 같아요. "그 일생에 해온 일을 보면 악이란 악은 다 갖춰져 있는" "천지 간의 한 괴물"이라면서, "이 사람의 몸통은 찢어 죽여도 시원치 않고, 그 고기를 씹어 먹어도 분이 풀리지 않을 것"이라고 《광해군일기》에 나와 있거든요. 역모 혐의로 처형된 이후의 기록이긴 합니다만, 우리 역사상 이런 악평을 받은 인물이 또 있을까 싶을 정도죠. 지금 우리가 알고 있는 《홍길동전》의 저자 허균과 《조선왕조실록》에 기록된 역사적 인물로서의 허균에 대한 평가는 상당히 다릅니다. 기득권에 저항해 사회의 부조리를 밝히려 했던 것도, 결국 역모죄로 처형된 것도 한몫했지만, 허균의 유아독존 스타일도 그러한 평가를 받게 된 큰 이유였을 겁니다. 시대를 너무 앞서 갔기 때문에 그를 옹호해줄 사람이 아무도 없었죠.

이정민 항간에는 《홍길동전》이 허균의 작품이 아니라는 설도 있던데요?

신병주 그도 그럴 것이 허균의 저작 목록에 《홍길동전》이 없습니다. 게다가 '대역죄인' 허균과 '불온서적' 《홍길동전》을 관련짓는 언급이 아무것도 없어요. 그래서 《홍길동전》이 허균의 작품이 아닐 수도 있겠다는 견해가 나온 거죠. 그러나 허균과 비슷한 시대를 살았던 택당 이식의 문집에는 《홍길동전》이 허균의 저작이라고 나와요. "세상에 전하기를 《수호전》을 지은 사람은 웅보를 받았다. 도적이 된 사람들은 그 책《수호전》을 좋아하는데 허균, 박엽 등도 그 책을 좋아해서 도적의 우두머리로 각각 호를 삼아 서로 즐거워했다. 허균은《홍길동전》을 지었는데《수호전》을 모방한 것이다." 허균이《수호전》을 모델로 해서《홍길동전》을 지었다는 기록이죠. 그리고 18세기 학자인 황윤석의《이재난고》에도《홍길동전》이 허균의 작품이라고 언급되어 있습니다. 더 확실한 점은 허균이《홍길동전》외에《호민론》을 논설했는데, 거기서 백성을 항민, 원민, 호민으로 나눕니다. 항상 조용하고 순하게 살아가는 항민(恒民)이나 불평과 불만을 가지고 늘 원망을 일삼는 원민(冤民)에 비해, 호민(豪民)은 잘못된 일이 있으면 적극적으로 저항해서 새롭게 바꾸려는 사람입니다. 또《유재론》에서 허균은 서얼 차별의 부당함에 대해서 비판하고 있습니다. 이런 여러 정황을 종합적으로 고려했을 때, 학계에서도《홍길동전》은 이런 허균이 아니고서는 쓸 수 없었을 것으로 판단하고 있습니다.

화려한 삶과는 너무나도 상반된 최후

이정민 사회 모순을 비판하는 글로 세상을 떠들썩하게 한 두 문호의 최후를 알아볼까요?

신병주 허균이 자유분방하다 보니 문제를 많이 일으켰어요. 황해 도사(都事)로 부임하면서 한성에서 알고 지낸 기생들을 대동하는 등 기생들과 지나치게 거리낌 없이 어울리는 바람에 파직되었는데 반성하는 기미가 전혀 없었죠. 심지어 허균의 문집에는 기생과의 잠자리에서 벌어진 일이라든가, 기생을 차지하기 위해 다른 양반과 싸운 이야기 등 별의별 이야기가 실려 있습니다. 물론 후대 연구자 입장에선 그 덕에 기생에 관한 자료를 얻을 수 있지만요. 특히 매창이라는 기생과는 시를 주고받으며 정신적인 교감을 나눴어요. 기생과 어울리기야 했지만 쉬쉬했던 다른 양반들과 달리 허균은 공개적으로 드러냈죠. 그 정도가 과해서, 상중에도 기생을 끼고 놀았다는 비난을 면치 못했습니다. 체면과 체통을 중시하던 양반 사회에서 보기에 탐탁지 않았을 겁니다.

또한 허균은 주류 학문인 성리학 외에 불교나 도교에도 관심이 많았어요.《광해군일기》에 "거짓된 글짓기를 좋아하여 스스로 산수도참의 설부터 도교, 불교 따위의 이단의 이야기를 모두 지었다"고 적혀 있는 것도 이 때문이고요. 심지어 중국에 사신으로 갔다가 천주교의 기도문인 게(偈) 12장을 가지고 돌아왔다는 기록도 있어요. 사실 긍정적으로 해석한다면 다양한 사상에 열려 있고 호기심이 굉장히 많은 사람인 거죠.

광해군 초기엔 핵심 인물인 이이첨의 후원으로 조정의 요직에 등용되기도 했으나, 이이첨과도 광해군과도 멀어집니다. 광해군이 제거될 것이라는 내용의 방을 남대문에 붙여 유언비어를 퍼뜨리기도 해요. 흉흉해진 민심을 수습하기 위해 진상 조사에 나선 조정에서 주모자가 허균임을 알고는 가만히 있을 수가 없었겠죠. 허균 본인은 끝까지 역모 혐의를 부인했지만 하급 아전이나 무사, 노비 등을 동원해서 역모를 꾀한 정황들이 드러나 1618년 저잣거리에서 능지처참을 당했어요. 천재로서 화려한 삶을 살았던 것과는 너무나도 상반되는 최후를 맞았고, 이후에도 내내 역적의 대명사로 불렸습니다.

이원복 허균처럼 극형을 당하지는 않았지만, 돈을 다 탕진하고 극빈자로 살다가 사망한 세르반테스도 그 말로가 비참했습니다. 돈이 없어서 무덤을 따로 마련하지 못해, 세르반테스는 마드리드의 삼위일체회 수도원 앞마당에 다른 시신들과 함께 파묻혔어요. 그런데 세르반테스가 죽고 나서 100여 년쯤 뒤에 수도원을 개수하는 바람에 그 묘지가 없어지고 말았죠. 거의 400년 동안 세계적인 작가는 무덤도 없이 유령처럼 땅속을 뒹굴고 있었습니다.

사망 400주년인 2016년을 2년 앞둔 2014년부터 에스파냐에서는 세르반테스 유해 발굴이 추진되었어요. 하지만 여러 유골이 한데 섞여 있어 어느 유해가 세르반테스의 것인지 구분하기가 쉽지 않았습니다. 2015년 3월 마침내 발굴단은 세르반테스의 것으로 추정되는 유골을 찾았다고 발표합니다. 지하에서 'MC'라고 적힌 관 일부를 찾았는데 여기서 MC가 미겔 데 세르반테스(Miguel de Cervantes)의 첫 글자라는 것이죠. 그런 데다가 일그러진 왼팔 뼈와 총알에 손상된 가슴뼈가 발견되면서 세르반테스의 유골이라 판정하기에 이르렀고요. 에스파냐 정부는 발굴 장소에 세르반테스의 새 무덤을 마련할 계획을 세웠다고 합니다.

이정민 "《돈키호테》의 저자, 세르반테스가 여기에 잠들다"라고 적힌 비석이 세워진 관광지가 생길지도 모르겠군요. 마지막으로 《홍길동전》과 《돈키호테》가 두 나라에 끼친 영향을 알아볼까요?

이원복 《돈키호테》가 에스파냐 특히 근대에서 현대에 이르는 언어와 문학에 끼친 영향은 말로 다하기가 어려울 지경입니다. 영국의 영어가 셰익스피어에 의해 비롯되었다면 에스파냐어의 기본은 세르반테스라고 할 수 있어요.

신병주 허균의 《홍길동전》은 부조리한 조선 사회에서 서얼이 제대로 대접받는 세상을 꿈꾸고, 설움 받는 백성들이 자신들의 힘을 자각하는 계기를 마련한 소설이었죠. 실제로 이후에 서얼들이 관직에 나아갈 수 있는 기회를 달라고 주장한 '통청(通淸) 운동'이 일어났어요. 이런 노력들이 계속되는 가운데 마침내 정조 때 서얼이 본격적으로 관직에 진출할 수 있는 길이 열리죠. 조선 사회가 안고 있는 신분 차별의 문제점을 본격적으로 지적하고, 또한 서얼이 제대로 대접받을 수 있도록 물꼬를 튼 소설이기에 그 의미가 실로 깊습니다.

이정민 《홍길동전》이나 《돈키호테》 모두 양반이나 귀족이 향유한 고급 문화가 아니었습니다. 《홍길동전》은 천대받던 한글로 쓰였고, 《돈키호테》 역시 하찮고 어정쩡한 하급 귀족의 이야기에 불과했죠. 하지만 이런 소설 한 권이 결국 한 나라를 변화시켰으니 이 얼마나 놀라운가요. 또한 이 놀라운 작품을 탄생시킨 허균과 세르반테스의 대단함에 새삼 놀라는 시간이었습니다.

왕에게 버림받은 왕자

사도세자 vs 돈 카를로스

한국사		세계사
(이순신 출생)	1545	**돈 카를로스,** 에스파냐 펠리페 2세의 아들로 출생
		(볼리비아에서 포토시 은광 발견)
	1547	(이반 4세, 차르라 칭함)
	1555	(아우크스부르크 화의)
	1556	(아버지 펠리페 2세 즉위)
	1559	(펠리페 2세, 프랑스 왕녀와 혼인)
		(에스파냐와 프랑스, 카토-캄브레지 조약 체결)
	1560	(펠리페 2세, 마드리드를 수도로 정함)
	1564	국정에 참여하기 시작함
(선조 즉위)	1567	
	1568	첨탑에 갇혀 사망
		(네덜란드 독립전쟁 시작)
(허균 출생)	1569	
	1571	(펠리페 2세, 레판토 해전 승리)
	⋮	
사도세자, 영조와 영빈 이씨의 둘째 아들로 출생	1735	
세자로 책봉됨	1736	
	1740	(오스트리아 왕위계승전쟁 발발)
(혜빈 홍씨, 왕세자빈으로 책봉됨)	1744	
영조의 대리청정으로 후계자 수업 시작	1749	
	1758	(넬슨 출생)
	1759	(윌리엄 피트 출생)
평안도 유람	1761	
(나경언의 고변)	1762	
세자에서 폐위됨		
뒤주에 갇혀 사망		
영조가 사도세자라 시호를 내림		
	1776	(미국, 독립 선언)
정조가 아버지 시호를 정헌으로 높임	1777	

1761년 4월 사도세자는 아버지 영조 몰래 동궁을 스무 날이나 비우고 평안도로 유람을 갑니다. 나중에 이 사실을 알게 된 영조는 사도세자를 뒤주에 가뒀고, 사도세자는 아버지의 손에 죽고 말았습니다. 바다 건너 에스파냐에도 사도세자와 꼭 닮은 슬픈 운명의 왕세자가 있었습니다. 16세기 에스파냐의 최고 전성기를 이끈 펠리페 2세의 아들 돈 카를로스 역시 아버지의 명으로 첨탑에 갇힌 채 최후를 맞죠. 비극적인 운명이 너무나 닮은 조선의 사도세자와 에스파냐의 돈 카를로스를 만나보겠습니다.

아버지의 그늘에서 벗어나지 못한 왕자

이정민 사도세자야 우리에게 워낙 많이 알려져 있지만, 돈 카를로스는 낯선 이름이에요. 어떤 인물인가요?

이원복 돈 카를로스는 주세페 베르디가 작곡한 동명의 오페라 〈돈 카를로스〉가 큰 인기를 끌며 알려진 인물입니다. 여기서 돈(Don)은 에스파냐에서 신분이 높은 귀족이나 특히 왕족에게 붙이는 호칭이에요. 돈 카를로스는 무적함대 아르마다를 이끌고 에스파냐의 최전성기를 이룩한 펠리페 2세의 아들입니다. 어머니는 펠리페 2세의 첫 번째 부인인 포르투갈의 왕녀 마리아 마누엘라인데, 돈 카를로스를 낳다가 죽었습니다.

펠리페 2세와 돈 카를로스의 사이는 나빠도 그렇게 나쁠 수가 없었어요. 돈 카를로스의 비극적인 삶을 이해하기 위해서는 우선 아버지 펠리페 2세에 대해 알 필요가 있어요. 펠리페 2세는 자기관리가 철저하고 매우 엄격했던 인물로 알려져 있습니다.

펠리페 2세는 레판토 해전에서 대승을 거두기도 했고 무적함대 아르마다를 잃는 대패를 당하기도 했는데, 두 소식을 보고받았을 때 표정이 같았다고 합니다. 이에 비해 아들 돈 카를로스는 매우 감성적이고 연약했는데, 펠리페 2세는 이런 아들을 못마땅하게 여겼던 것 같아요.

신병주 사도세자의 불운한 삶을 다룬 영화나 드라마가 많았는데, 그 작품들에서 사도세자는 유약한 이미지를 풍기며 아버지의 그늘에서 벗어나지 못한 미성숙한 아들로 그려졌습니다. 반면에 영조는 하나같이 강한 이미지로 그려졌어요. 흥미로운 것은 초상화를 보면 영조는 체격도 작고 깡말랐습니다. 반면 사도세자는 풍채가 좋았다고 합니다.

이원복 베르디의 오페라 〈돈 카를로스〉도 문학적 허구가 역사적 사실을 호도한 대표적인 사례예요. 오페라는 아버지 펠리페 2세가 아들의 약혼녀와 결혼하는 삼각관계가 주된 내용이죠. 에스파냐는 이탈리아의 영토에 대한 지배를 놓고 프랑스와 전쟁을 치르다 1599년에 카토-캄브레지 조약을 체결했는데, 그 내용 중 하나가 펠리페 2세와 프랑스 왕녀의 결혼이었어요. 열네 살의 프랑스 왕녀 이자벨 드 발루아가 동갑내기 아들이 있는 에스파냐 왕에게 시집을 왔죠. 원래는 이자벨과 카를로스 사이에 혼담이 오가고 있었기에 그 조약만 아니었다면 이자벨과 카를로스가 결혼했을지도 모릅니다.

어머니 없이 자란 돈 카를로스와 부인이 될 뻔한 새어머니 이자벨의 관계는 아무래도 색안경을 끼고 보기 쉽지만, 그 어떤 사료에도 둘 사이에 불미스러운 일이 있었다는 기록은 없습니다. 문학적 상상력으로 지어진 이야기에 불과하죠. 다만 서로 호감을 가졌던 것과 펠리페 2세가 동갑내기 둘 사이를 의심했던 것은 사실이라고 해요. 어쩌면 그 때문에 아들에 대한 불신이 증폭되었는지도 모르겠습니다.

신병주 펠리페 2세는 그래도 아들의 동갑내기랑 재혼했잖아요. 영조는 자신과 무려 쉰한 살 차이가 나고, 아들 사도세자보다도 열 살 정도 어린 정순왕후를 계비로 맞이합니다. 이처럼 계비가 자식들보다 더 어린 경우가 더러 있지만 조선은 워낙 유교 문화가 강했던 탓인지, 계비와 왕세자 사이에서 스캔들이 생긴 적도, 이를 누가 의심한 적도 없었습니다.

두 왕자의 비정상적인 죽음

이정민 임오년마다 우리 역사에는 유독 중요한 일이 많았습니다. 1882년엔 임오군란이 일어났고, 그 120년 뒤인 2002년엔 한일 월드컵이 개최됐어요. 특히 1762년에는 영조가 아들을 뒤주에 가둬 죽이는 '임오화변'이 있었죠. 대체 그해에 무슨 일이 일어났나요?

신병주 영조가 워낙 늦은 나이에 얻은 아들이었기에, 사도세자는 열다섯 살이 되자 대리청정을 하면서 후계자 수업을 받았습니다. 이것이 화근이었죠. 학습 능력이든 상황 대처 능력이든 어느 것 하나 성에 차지 않았던 영조는 사사건건 사도세자를 호되게 질책했고, 아버지에게 '깨지는' 것이 일과가 되어버린 사도세자도 하루하루가 지옥 같았을 거예요. 갈등이 증폭되던 어느 날부터 영조는 사도세자의 문안조차 받지 않았습니다. 스트레스

가 이만저만이 아니었던 세자는 내관을 시켜 자리에 있는 것처럼 꾸민 뒤, 몰래 평안도에 다녀옵니다. 매일 문안을 드려야 하는 왕세자가 스무 날이 되도록 궁을 비웠는데도 왕이 알아채지 못할 정도였으니, 부자관계가 악화될 대로 악화되어 있었던 거죠. 얼마 뒤 나경언이란 자가 고변서를 올리면서 이 사실이 영조에게 발각됩니다. 고변서에는 무단으로 이탈해서 평안도에 다녀온 것뿐 아니라 왕손의 어미를 때려죽인 것 등 사도세자의 비행 열 가지 정도가 적혀 있었어요. 대리청정 이후 스트레스가 극심해지면서 사도세자가 아마도 광증이 났던 것 같아요. 사도세자를 폐서인하는 교서나 부인 혜경궁 홍씨가 쓴《한중록》에 수십 명에 달하는 사람을 죽였다고 나오거든요.

사도세자와 사이가 좋지 않았던 노론 세력이 하급 직책에 불과한 대궐 별감 나경언을 사주해 시킨 일인데, 영조도 눈치를 챘는지 정확한 고변이 아니라는 이유로 나경언을 처형시킵니다. 그러더니 이번엔 고변의 내용을 근거로 평소 행실이 어떠했기에 이런 고변이 올라오느냐며 사도세자를 문책하죠. 그래도 화가 쉽사리 풀리지 않았는지 신하들 앞에서 사도세자에게 자결을 명합니다. 신하들이 놀라 말리자 이번엔 뒤주를 가져오게 하더니 그 안에 사도세자를 가뒀어요. 영조도 죽일 생각은 아니었을 거예요. 뒤주가 크기도 제법 되니까 잠금장치로 며칠 가둬서 혼을 내줄 작정이었겠죠. 하지만 그때가 음력으로 윤오월이었으니 한여름이거든요. 뒤주에 갇혀 창경궁 문정전 앞마당에서 한여름의 열기를 받던 사도세자는 스물일곱이라는 젊은 나이로 여드레 만에 숨을 거둡니다.

이정민 듣고 또 들어도 마음이 참 아픕니다. 그런데 더 충격적인 건 생모가 사도세자를 죽여달라고 영조에게 직접 청했다면서요?

신병주 사도세자의 비극을 이야기할 때 항상 등장하는 사람이 아버지 영조와 부인 혜경궁 홍씨, 그리고 아들 정조죠. 어머니에 대한 언급이 거의 없어서 사도세자가 어려서 어머니를 여의었다고 짐작하시는 분도 많은데, 생모인 영빈 이씨가 살아 있었어요. 여느 어머니라면 아들을 살리기 위해 수단과 방법을 가리지 않았을 법도 한데, 영빈 이씨는 오히려 영조에게 결단을 내리라고 촉구합니다. 이미 상황이 끝났으니 세손이라도 살리려면 사도세자를 죽일 수밖에 없다고 여긴 것 같아요. 속내를 드러내지는 않았지만 얼마나 괴로웠겠습니까. 사도세자의 삼년상이 끝나고 영빈 이씨도 생을 마감했습니다.

마찬가지로 혜경궁 홍씨도 담담하게 대응해요. 영빈 이씨도 혜경궁 홍씨도 남편이자 시아버지인 영조의 성격을 너무 잘 알고 있기에, 괜히 대들어 봐야 화만 돋울 뿐임을 알고 있었던 거겠죠. 혜경궁 홍씨에게는 자신이 시아버지와 우호적인 관계를 유지해야만 자기 아들을 왕으로 만들 수 있다는, 아들을 지켜야 한다는 명분이 있어요. 하지만 영빈 이씨를 생각하면 아들한테 왜 그렇게까지 했어야만 했나 하는 의문이 남습니다.

이정민 사도세자만큼 돈 카를로스 역시 비극적인 죽음을 맞이하죠. 아버지 펠리페 2세와의 사이에 어떤 일이 있었나요?

이원복 돈 카를로스도 열다섯이 되던 해에 아버지가 정치에 참여시킵니다. 그때 에스파냐 영토였던 네덜란드의 신교도들이 에스파냐를 상대로 독립 전쟁을 벌입니다. 그런데 돈 카를로스는 신교도를 무조건 탄압할 것이 아니라 그들의 입장을 이해해야 한다며 네덜란드에 동조적인 입장을 취하죠. 부왕에게 자신이 직접 가서 평화로운 해결책을 찾아보고 오겠다고 청해요. 펠리페 2세는 이를 묵살하고는 지옥의 사자라 불리던 알바공 장군을 보내 무자비한 유혈 탄압을 합니다. 아버지와 아들의 정치적 견해가 전혀 달랐고, 그 입장 차이로 둘의 사이도 틀어져버리죠. 실망하고 좌절한 돈 카를로스가 약혼녀인 오스트리아 왕녀 안나를 만나러 다녀오겠다고 청해요. 그런데 아버지 펠리페 2세는 이것도 거부합니다. 화가 난 돈 카를로스는 아버지가 가장 아끼는 말을 죽이는데, 이로 인해 아버지와의 관계는 극도로 악화됩니다. 아버지의 냉대를 견디지 못한 돈 카를로스가 네덜란드로 탈출을 시도했지만 이내 붙잡히고 말죠. 체포되자마자 아버지 펠리페 2세에게 반역죄로 고발당합니다.

결국 돈 카를로스는 첨탑 골방에 갇힙니다. 아버지가 너무 무서웠던 아들은 베개 밑에 총과 칼을 숨겨두었지만 이마저도 아버지에게 들켜 빼앗기고 말아요. 아버지는 모든 문에 못질을 해서 아들이 문밖으로 나오지 못하게 합니다. 사도세자의 뒤주와 다를 게 없죠. 에스파냐는 여름이면 기온이 거의 40도에 육박하는데, 돌로 지어진 성의 꼭대기에서 돈 카를로스는 뜨거운 여름을 맞습니다. 달궈진 돌에 물을 뿌리며 발을 동동거리고, 얼음을 마구 먹으며 더위를 견뎌보려 했지만 이미 병으로 몸 상태가 만신창이였어요. 자신의 죽음을 예감했는지 아버지에게 화해의 뜻으로 면회를 신청했으나 아버지는 이마저도 거절합니다. 결국 돈 카를로스는 더위를 이기지 못하고 첨탑에 갇힌 채 숨을 거둡니다.

그런데 공교롭게도 돈 카를로스가 죽고 3개월 뒤에 계모 이자벨도 죽어요. 그러니 사람들이 이 둘을 놓고 얼마나 입방아를 찧었겠어요. 그녀의 죽음에 대해서는 지금까지도 정확하게 알려진 바가 없습니다. 그런데 돈 카를로스와 약혼했던 오스트리아 왕녀가 그가 죽은 지 2년 뒤에 펠리페 2세의 네 번째 부인이 됩니다. 결국 돈 카를로스와 혼담이 오간 여성들 모두 아버지의 부인이 된 거예요. 그러니 이 비극적인 왕자의 비통한 죽음이 얼마나 문학적 상상력을 자극했겠어요. 이 이야기가 소설, 희곡, 오페라로 만들어진 것은 당연하죠.

이정민 아버지와의 관계에서 받는 스트레스가 심해서였을까요, 사도세자도 돈 카를로스도 정신 질환이 있었다면서요?

이원복 돈 카를로스의 경우 선천적인 측면이 많습니다. 에스파냐 왕가 중에서 합스부르크가는 혈통의 순수성을 지키기 위해서 친남매가 혼인할 정도로 근친혼이 빈번했어요. 그 영향으로 정신질환자가 많았고 아예 '합스부르크 립(Habsburger Unterlippe)'이라는 표현이 생길 정도로 아래턱이 튀어나오는 하악전돌증이 심했어요. 마리 앙투아네트도 합스부르크 혈통이라 자세히 보면 주걱턱이에요. 펠리페 2세의 아버지인 카를 5세도 부정교합이 심해 입이 다물어지지 않았는데, 입 속에 파리가 들어오는 걸 막으려고 수염을 길렀을 정도니까요. 합스부르크가의 초상화를 보면 세 가지 공통점이 있는데 일단 의상이 엄청 화려하고, 목의 옷깃이 턱 이상 올라오고, 머리 장식 또한 요란해요. 이런 것들로 튀어나온 턱을 감춘 거죠.

펠리페 2세도 부정교합이 심해 음식을 제대로 씹지 못했고, 평생 모든 음식을 갈아서 먹었다고 해요. 발음이 부정확해서 신하들과 제대로 된 의사소통이 어려워 신하들에게 서류를 작성하게 했고요. 아들과도 대화가 잘 안 됐겠죠. 자신이 물려준 주걱턱도, 아들의 맑지 못한 정신도 모두 다 못마땅했던 거죠.

신병주 세자빈 혜경궁 홍씨는《한중록》에 "우리 소조께서는 병이 있으셨다"라고 적었습니다. 대리청정 기간 중이라서 영조는 대조, 사도세자는 소조로 불렸어요. 사도세자가 옷 입기를 힘들어하는 강박증인 의대증(衣帶症)을 앓고 있어서 옷 입는 걸 도와주는 사람을 때리거나 죽였다는 이야기가 나와요. 사도세자에게 가장 큰 스트레스는 아버지와 만나는 것이죠. 아버지를 만나면 또 맹렬한 비난에 시달려야 하니까요. 그런데 아버지를 만나러 가려면 의복을 갖춰 입어야 하잖아요. 옷을 입는다는 건 사도세자의 머리 속에서 아버지를 만나 야단을 맞는 것이라고 입력이 되어 있었던 거죠. 옷을 갖춰 입을 때마다 소동을 벌였고 궁녀나 내관에게 화풀이를 한 겁니다. 부자의 갈등이 아들에게 병을 안겨주었다고 생각하면 참 안타깝죠.

왜 아들을 죽여야만 했나

이정민 듣고 있는 것만으로도 마음이 편치 않은 이야기네요. 영조가 처음부터 아들을 미워했나요?

신병주 그렇진 않았어요. 아기 때 자식을 미워하는 부모는 거의 없죠. 영조도 어린 사도세자를 굉장히 예뻐했어요. 사도세자의 형인 효장세자가 열 살에 요절하고, 한동안 자식이 없다가 마흔하나에 얻은 아들이니 얼마나 귀했겠어요. 태어난 지 1년 만에 세자로 책봉할 만큼 영조의 기대가 컸어요. 실제로 사도세자도 그 기대에 부응하는 영특함을 보였고요. 세 살 때《효경》을 읽고,

《소학》을 공부했다고 하니까요.

그런데 10대 초반에 체격이 커진 사도세자가 무예에 관심을 보이면서부터 영조의 기대에서 멀어지기 시작한 것 같아요. 기록에 보면, 어떤 날은 영조가 사도세자에게 중국 한의 무제와 문제 중에서 누가 좋으냐고 물었다고 합니다. 아버지의 의중을 살피던 사도세자가 문제라고 답하자, 속으로는 무제를 더 좋아하고 있지 않느냐며 영조가 되레 성을 냈다고 해요. 영조는 매사가 치밀하고 꼼꼼한 성격의 소유자인 데 반해 사도세자는 호방한 성격의 소유자였거든요. 영조는 그런 사도세자가 못마땅할 수밖에요.

영조가 사도세자를 얼마나 싫어했냐면, 선왕의 능에 참배하러 갈 때도 세자를 데리고 가지 않았어요. 민가에서도 조부의 산소에 갈 땐 으레 아버지가 손자인 자신의 아들을 동행시키지 않습니까. 어쩌다 동행한 날에 날씨라도 궂으면 너 때문에 날이 이 모양이라며 사도세자에게 화를 냈다고 합니다. 심지어 사도세자의 목소리를 듣고 나면 귀를 씻었다고 해요.

영조가 태생적으로 가질 수밖에 없었던 신분적 콤플렉스도 작용했던 것 같아요. 영조의 어머니 숙빈 최씨는 무수리 출신으로, 궁녀로 있다가 일약 숙종의 눈에 들어 후궁이 되었죠. 천한 무수리 출신 후궁이 낳은 아들이다 보니 왕의 아들임에도 대접이 후하지 않았어요. 이복형인 경종의 왕세제가 되기까지 우여곡절도 많았고요. 완벽주의자에 가까운 영조가 신분적 제약을 뛰어넘기 위해 얼마나 애를 썼겠습니까. 좋은 왕이 되고 싶은 욕심이 남달리 컸을 영조이기에 사도세자가 더더욱 마음에 들지 않았을 겁니다.

이정민 자신의 뜻대로 되지 않으니 아들에 대한 기대가 컸던 만큼 실망도 컸던 게 아닐까 싶습니다. 영조가 편애도 심했다면서요?

신병주 네, 영조는 '딸 바보'였어요. 화순옹주는 영조가 가장 아낀 딸인데, 영조를 가장 마음 아프게 한 딸이기도 합니다. 남편 김한신이 죽자 곡기를 끊고 자신도 뒤이어 죽었거든요. 딸이 곡기를 끊었다는 소식을 전해들은 영조가 왕의 체통도 버리고 옹주의 사가로 가서 미음이라도 먹여보려 했지만 소용없었어요. 아버지의 말을 따르지 않은 딸에게 서운한 마음을 표현한 영조 대신 후대에 정조가 열녀문을 세워줍니다. 영조는 화평옹주 또한 아꼈는데, 옹주는 본래 혼인 후 궁궐 밖에서 살아야 함에도 불구하고 파격적으로 궁에서 계속 살게 해요. 편애도 이런 편애가 없으니 사도세자도 내심 아버지에게 섭섭했겠죠.

최악의 두 부자지간

이정민 펠리페 2세나 영조가 아버지의 입장에서 남긴 기록이 있나요?

이원복 지금까지 발견된 것이 없는 걸 보면 아버지로서 자신의 심경을 따로 남긴 것 같지는 않습니다. 아들 돈 카를로스를 첨탑에 가뒀을 때 교황이 물어보자 펠리페 2세가 답하기를, 국가에 반역을 저질렀고 정신에 이상이 있다고 했어요. 참 냉정한 아버지죠.

신병주 '도대체 영조는 사도세자를 왜 죽여야만 했을까'라는 질문은 우리 역사에서 끊임없는 화두예요. 사도세자의 광증이나 영조와 사도세자의 갈등 외에 다른 관점에서도 볼 수 있을 것 같아요. 영조는 조선 역사에서 가장 오래 산 왕이자 가장 오래 집권한 왕이에요. 보통의 왕들은 대부분 20대 초반에 왕세자로 책봉되어 후계자 수업을 받은 뒤 20대 후반에 왕위에 올라 20여 년 정도 재위했다가 40대 후반에서 50대 초반에 사망하죠. 그런데 영조는 너무 건강해서 두 사람 몫 이상의 기간을 집권했어요. 그런 그에게 가장 큰 경쟁자는 바로 아들입니다. 자신은 아직 정정하고 끄떡없는데, 아들이 자신의 왕위를 위협하고 있어요. 다시 말해 영조에게 아들 사도세자야말로 정적이었던 거예요. '내가 이토록 건강하니, 너는 평생 왕세자를 하거라!' 이게 영조의 속마음이었을지도 모르겠어요. 1953년에 왕위를 계승한 엘리자베스 2세가 여전히 여왕으로 건재하고 있어서 아들 찰스는 일흔을 앞둔 지금까지 평생을 황태자로 머물고 있잖아요. 물론 영국은 입헌군주제라서 큰 무리가 없지만, 절대군주제였던 조선에서 왕위 계승은 대결 구도의 양상을 띨 수밖에 없었어요.

또 주목할 만한 부분은 사도세자의 아들 정조예요. 정조라는 대안이 없었다면 영조도 아마 사도세자를 죽일 수 없었을 거예요. 어떻게든 잘 구슬려서 후계자로 만들었겠죠. 하지만 시일이 지날수록 똘똘한 손자가 눈에 들어온단 말이죠. 내가 아직 건강하니 아들을 희생양으로 삼는 한이 있더라도 나라의 기틀을 확실히 닦아서 손자에게 물려줘야겠다고 생각했을지도 몰라요. 아들에 대한 가혹한 조치에 대해 영조가 욕을 덜 먹는 것도 조선 역사의 최고 황금기인 '영·정조 시대'를 잘 연출한 덕분이거든요. 사도세자의 죽음은 걸출한 영조와 정조 사이에 낀 왕세자의 불운으로 해석할 수도 있습니다.

이원복 돈 카를로스가 스물세 살이라는 이른 나이에 죽었기 때문에 그 죽음 자체는 에스파냐 역사에 큰 영향을 끼치지 않았어요. 하지만 아버지 펠리페 2세는 에스파냐 역사에서 특수한 인물이에요. 펠리페 2세를 거치면서 에스파냐는 최고의 전성기를 누림과 동시에 몰락의 길을 걷기 시작하거든요. 아들 사례에서 펠리페 2세가 보여준 그 편협성과 독단성, 유아독존형 통치로 말미암은 것이죠.

신병주 영조와 사도세자의 비극도 결국은 서로 간의 소통 부재로 인한 것이지 않습니까. 영조가 보기에 사도세자의 능력이 미욱했다 하더라도, 더욱 강력한 후계자가 필요했다 하더라도, 그 아쉬움과 안타까움을 극단적으로 표출하지 않고 관심과 사랑으로 아들을 감싸안았다면 비극은 일어나지 않았을 겁니다.

이정민 사도세자가 엇나가기 시작했을 때 아버지 영조가 조금만 더 따뜻하게 대해줬더라면, 또 펠리페 2세가 아들에게 조금만 더 관심을 쏟았다면 어땠을까요? 오늘날 아들을 키우는 아버지들에게 사도세자와 돈 카를로스의 비극은 꼭 한 번은 비추어보아야 할 거울이 아닐까 싶습니다.

동서양 대표 계몽 군주

정조 vs 프리드리히 2세

한국사		세계사
	1712	**프리드리히 2세,** 프로이센 왕국의 프리드리히 빌헬름 1세의 넷째 아들로 출생
	1713	(프리드리히 빌헬름 1세 즉위)
(영조 즉위)	1724	
	1725	(러시아 표트르 대제 사망)
	1730	국외 탈출을 시도하다가 실패하여 투옥됨
	1733	오스트리아의 엘리자베스 크리스티네와 결혼
	1740	프리드리히 2세로 즉위
		(오스트리아 왕위 계승 전쟁 발발)
정조, 사도세자와 혜경궁 홍씨 사이에서 출생	1752	
	1756	마리아 테레지아, 7년전쟁 일으킴
세손으로 책봉됨	1759	
효의왕후와 혼인	1762	
(사도세자, 뒤주에 갇혀 사망)		
효장세자의 양자가 됨	1764	
	1772	폴란드 분할에 참가
대리청정 시작	1775	
조선 22대 왕으로 즉위	1776	(미국, 독립 선언)
(안정복, 《동사강목》 지음)	1778	(프로이센과 오스트리아 바이에른 계승 전쟁 시작)
(박지원, 《열하일기》 지음)	1780	
(강화도 외규장각 완공)	1782	
친위부대 장용영 설치	1785	
(천주교 박해 시작)		
	1786	사망 (프리드리히 빌헬름 2세 즉위)
	1789	(프랑스혁명 발발)
금난전권 철폐	1791	
문체반정	1792	
수원화성 착공	1794	
《이충무공전서》 간행	1795	
수원화성 완성	1796	
《홍재전서》 편찬	1799	
처음으로 안경을 씀		
사망 (순조 즉위)	1800	

열한 살 세손은 아버지가 뒤주에 갇혀 죽어가는 모습을 보았습니다. 그러나 장성하여 왕의 자리에 앉게 되었을 때 그 어린 세손은, 피의 보복이 아니라 갈라진 노론과 소론을 탕평으로 통합하려고 애썼고, 수많은 개혁 정책으로 조선 후기 최고의 성군이 되었습니다. 그는 바로 조선을 대표하는 개혁 군주 정조입니다. 마찬가지로 18세기 프로이센에서도 개혁 군주인 프리드리히 2세가 가난한 왕국을 유럽 최고의 강국으로 만들었습니다. 아버지로 인해 불행한 유년 시절을 겪어야 했다는 점까지 닮은 두 계몽 군주를 만나보겠습니다.

계몽 군주란 무엇인가?

이정민 오늘 함께 이야기할 정조와 프리드리히 2세를 가리켜 계몽 전제 군주 혹은 계몽 군주라고 하던데, 어떤 왕을 계몽 군주라고 하나요?

이원복 한국사에서 말하는 계몽 군주와 세계사의 계몽 군주는 그 의미가 다른 것 같아요. 세계사에서는 대개, 지난 1,000여 년간 신이 지배하는 신앙의 세계에서 살아온 유럽인이 17, 18세기에 인간의 이성을 되찾으면서 시작된 계몽주의에 입각해 나라를 근본적으로 바꾼 왕을 계몽 군주라고 합니다. 예를 들어 17세기 말부터 18세기 초까지 러시아를 지배한 표트르 대제는 계획도시인 상트페테르부르크를 건설하고, 오래된 관습인 수염을 자르게 하거나 옷차림을 서양식으로 바꾸는 등 사회를 탈바꿈시켜요. 이처럼 한 나라의 틀을 근본적으로 근대화한 왕을 계몽 군주라고 하죠.

신병주 한국사에서는 잘 쓰지 않다 보니 사실은 계몽 군주라는 용어 자체가 좀 낯설죠. 20여 년 전에 조선 후기 왕들 중에서 비슷한 면모가 엿보인다며 역사학계에 도입되었어요. 그 대표적인 예가 강력한 왕권을 바탕으로 백성이나 신하를 널리 계몽하고 교화한 정조입니다. 좀 더 많은 백성이 더 잘살 수 있게끔 만들고 싶다는 민본 사상이 그 바탕에 깔려 있어요. 여론을 적극적으로 수집하고, 편찬과 출판을 활발히 함으로써 문화적으로도 국가를 부흥시킨 모습은 계몽주의 시대 유럽의 어느 군주와 비교해도 손색이 없습니다.

이원복 그렇습니다. 어느 나라에나 계몽 군주가 있는데 그들을 부를 때에 계몽 군주라고 못을 박기보다는 개혁 군주라고 표현하면 더 좋을 것 같습니다. 계몽 군주는 계몽주의라는 이데올로기에 따른다는 의미에서 제한적이니까요. 다만 계몽이든 개혁이든 한 나라 전체를 전면적으로 개혁하기 위해서는 우선 강력한 왕권이 바탕이 되어야 하죠.

신병주 마침 정조와 같은 시기에 중국도 역사상 최고의 전성기를 이끈 계몽 군주인 건륭제가 나라를 이끌고 있었어요. 조선의 최장기 집권자는 52년을 재위한 영조인데, 건륭제는 무려 60년 이상 재위합니다. 80세가 넘어서까지 왕위에 있었어요. 오랜 재위 기간만큼이나 서양의 문화와 학문을 수용하고, 영토 확장에도 힘쓰며 많은 업적을 남겼습니다.

아버지에 대한 트라우마

이정민 계몽 군주로 대표되는 정조와 프리드리히 2세 모두 왕이 되기까지의 과정이 순탄치는 않았다면서요?

이원복 네, 프리드리히 2세는 아버지 프리드리히 빌헬름 1세 때문에 고단한 유년을 보냈습니다. '독일 병정 같다'는 표현을 쓸 때가 있잖아요. 사실 독일 병정이 아니라 '프로이센 병정'이라고 해야 정확합니다. 독일은 수십 개의 나라로 갈라져 있었는데, 남쪽의 바이에른 지방의 경우 생활 방식이 느긋하거든요. 군대처럼 절도가 있었던 동북부의 프로이센이 나중에 독일 제국을 실질적으로 지배하게 되죠.

지나치게 권위주의적이고 강압적인 프리드리히 빌헬름 1세는 아들에게서 유약한 면이 보이는 것을 병적으로 꺼렸어요. 프리드리히 2세는 1712년 14남매 중에서 넷째로 태어났는데, 형들이 어려서 죽는 바람에 일찌감치 황태자가 되었습니다. 프리드리히 빌헬름 1세는 자녀 교육에 특히 엄격했어요. 언제나 군복을 입히고 군대식으로 교육했고 자식을 마치 '살아 있는 병정'처럼 키우려고 했어요. 시를 읽거나 음악을 연주하는 것조차 싫어했죠. 하지만 감수성이 풍부한 프리드리히 2세는 아버지 몰래 플루트를 배웁니다. 스물여섯 살에는 교향곡을 작곡할 정도로 예술적 재능도 있었어요. 그렇다 보니 아들은 아버지에 대한 강한 반감과 트라우마를 동시에 가지고 있었어요. 툭하면 백성을 사형시키던 아버지의 가혹한 통치 방식에 반대해온 프리드리히 2세는, 왕이 되자마자 고문을 금지했습니다. "죄인 스무 명을 사면하는 것이 무고한 한 명을 사형시키는 것보다 낫다"는 철학으로 나라를 다스렸어요.

신병주 아버지에 대한 트라우마로는 정조도 유명하죠. "나는 사도세자의 아들이다"라고 선언을 하면서 왕위에 오른 것만 보더라도 알 수 있어요. 정조가 왕이 되기 전까지만 해도 사도세자는 죄인이었고 죄인의 아들이기 때문에 정조의 즉위를 반대하는 세력도 많았고요. 연산군이 그랬듯이 정조가 자신의 아버지를 죽인 세력을 숙청하기 시작한다면 그 후폭풍을 감당하기 어려울 테니까요. 영화 〈역린〉이 즉위 후 암살 음모에 시달리는 정조를 주인공으로 삼고 있는데, 다소 과장된 측면이 있지만 터무니없는 내용은 아니죠.

정조는 노론의 집요한 반발과 방해 공작에도 불구하고 결국 왕위에 오릅니다. 그러나 정조는 가능한 한 정치 보복을 자제했어요. 아버지의 실추된 명예를 복권하기 위해 많은 노력을 기울였지만, 반대 세력을 처단하려고 별도의 힘을 쓰지는 않았어요. 기본적으로 '탕평(蕩平)'을 통치 이념으로 삼아 정적까지도 어느 정도는 조정에 수용했죠. 무예에 능통하고 활 솜씨도 대단해서 신하들과 활쏘기 내기를 해도 거의 백전백승이었다고 해요. 다만 신하들의 사기를 염려해서 오십 발 중에서 마지막 한 발은 일부러 시위를 엇나가게 당겼다는 이야기도 전합니다.

이원복 부왕과 정치 철학이 너무 달랐던 황태자는 아버지를 피해 프랑스로 망명을 떠났습니다. 거기서 다시 영국으로 가려다가 아버지에게 발각되었고, 황태자의 망명을 공모한 황태자의 친구는 그 자리에서 처형되었어요. 프리드리히 2세는 가까스로 사형은 면했으나 황태자의 지위를 박탈당했습니다.

살기 위해 책을 읽다

이정민 정조는 책을 가까이한 것으로 유명했다면서요?

신병주 정조는 우리 역사에서 공부를 가장 많이 한 왕이에요. 세손 시절부터 책을 많이 읽었다는 기록이 남아 있어요. 어쩌면 살기 위해 밤을 지새워 책을 읽었는지도 모르겠습니다. 정적들이 밤마다 자객을 보내 어린아이의 목숨을 위협하는 장면들은, 영화나 드라마의 극적 효과를 살리기 위해 지어낸 허구가 아니라, 《조선왕조실록》에도 기록되어 있는 엄연한 사실이거든요. 자신이 불을 밝히고 책을 읽으면 상궁이나 내시 들도 그 자리를 지켜야 할 테고, 그러면 자객도 침입하기 어려울 테니까요. 어쨌든 정조는 장성해서도 언제나 책을 가까이하고 책을 좋아하는 군주였습니다.

정조는 다방면의 학문을 두루 섭렵한 사람이에요. 신하들과 학문이나 기술을 연마하고 국정을 협의하는 자리인 경연에서 보통은 신하들이 왕에게 새로운 정보를 알려주는데 정조는 오히려 신하들에게 업데이트해줬다고 해요. 신하들이 신속하게 추린 중국의 신간 목록조차 정조에게는 이미 다 읽은, 구간들에 불과했고요. 그럼에도 규장각이라는 인재 발굴 시스템을 통해 후학을 양성하고자 했고, 그 인재들과 함께 학문을 나누고 끊임없이 연마하며 독단적이지 않으려고 애썼습니다.

집필도 많이 해서 개인 문집도 남아 있죠. 정조의 호를 따서 《홍재전서(弘齋全書)》라고 이름 붙였어요. 동궁 시절부터 지은 시문을 모아 편찬한 것인데 100책으로 구성되어 있습니다. 또 세손 때부터 쓴 일기를 담은 《일성록(日省錄)》도 있습니다. 또

한 편찬 사업에도 힘을 쏟았죠. 이때 《이충무공전서(李忠武公全書)》를 편집하고 간행하면서 우리가 알고 있는 '난중일기'라는 제목을 붙인 덕분에 이순신 장군의 업적이 오늘날까지 드높여질 수 있었습니다. 이밖에도 출판 사업의 활성화, 규장각 확대, 인재 등용에도 지원을 아끼지 않았어요. 학문이 정조 시대를 대표하는 주요 키워드로 자리 잡은 것도 이 때문입니다. 왕 스스로 학문에 대한 폭넓은 식견을 가지고서 신하와 백성을 이끌어야 왕조와 사회가 안정이 될 수 있다고 판단했던 거죠.

이원복 공부를 많이 해서 그런지 안경을 쓴 최초의 왕이 정조라고 하던데 사실인가요?

신병주 《정조실록》에는 그렇게 기록되어 있지만 《승정원일기》에 따르면 숙종이 먼저 안경을 썼다고 해요. 승정원에 소속된 왕의 비서들이 더 자세하게 남긴 기록이니까 《승정원일기》가 아무래도 신빙성이 더 높죠. 조선 후기에 이미 중국을 통해 문물이 많이 들어왔다는 걸 고려하면, 17세기 무렵부터는 조선에서도 안경을 착용했던 것 같아요. 《정조실록》에 정조가 처음 안경을 끼고 신하들 앞에 나설 때의 상황이 자세하게 나와 있는데, 서로 굉장히 어색해했다고요.(웃음)

"군주는 국가와 국민의 최고의 종이다"

이원복 아버지에 대한 반발심은 프리드리히 2세에게 주요한 원동력이 되었어요. 앞에서 말한 고문 폐지도 그렇지만, 언론 검열 폐지도 동일 선상에서 이루어집니다. 또 종교 차별을 폐지함과 동시에 모든 종교를 개방합니다. 특히 부왕이 심취했던 '마키아벨리즘'에 대해 강한 반론을 제기합니다. 마키아벨리즘이란 강한 자가 살아남는 것이 아니라 살아남은 자가 강한 자라고 해석할 수 있어요. 권력을 유지하기 위해서는 수단과 방법을 가리지 말라는 거죠. 아버지 때문에 마키아벨리즘에 환멸을 느낀 프리드리히 2세는 손수 《반마키아벨리론》을 집필합니다. 군주의 논리라고 하는 것은 자비와 정의와 책임으로 이루어진 것이지, 권력과 힘이 아니라는 것을 강조했습니다.

하지만 그런 프리드리히 2세도 부왕으로부터 큰 유산을 물려받았어요. 프리드리히 빌헬름 1세의 아주 강력한 군대가 바로 그것이죠. 그 군대를 바탕으로 프리드리히 2세는 즉위하자마자 슐레지엔 전쟁을 비롯해서 끊임없이 전쟁을 일으킵니다. 슐레지엔은 체코와 폴란드 사이에 위치한 지역인데, 거기에 독일인이 많이 살고 있었어요. 그때만 하더라도 국경이 명확하지 않았던 터라 그 지역을 두고 서로 자기 땅이라고 다투곤 했어요. 그런데 1740년 당시 가장 강대국이었던 오스트리아에서 마리아 테레지아가 왕이 됩니다. 500년경에 만들어진 살리카 법을 따르는 나라에서는 여성이 왕위에 오를 수 없었어요. 그런데 카를 6세가 딸만 남기고 죽자 마리아 테레지아가 살리카 법을 어기고 스스로 왕이 되었지요. 그러자 오스트리아와 조금이라도 핏줄이 얽힌 다른 유럽 왕실에서 난리가 났죠. 결국 왕위 계승 전쟁이 시작되었는데, 프로이센의 프리드리히 2세가 가장 처음으로 슐레지엔을 차지하죠. 중부 유럽에서 최강대국이었던 오스트리아도 가만히 있진 않았겠죠. 그로부터 10여 년 후 보복 전쟁이 벌어지는데, 이것이 그 유명한 7년전쟁입니다. 백년전쟁 이후 철천지원수가 된 영국과 프랑스는 유럽 대소사에서 30년전쟁을 제외하고는 단 한 번도 같은 편에 선 적이 없어요. 7년전쟁에서도 마찬가지죠. 영국은 프로이센 편에, 프랑스는 오스트리아 편에 합세해서 싸우다 보니 전쟁의 영향이 인도와 캐나다에까지 미치게 됩니다. 세계대전에 가까운 양상을 보인 첫 전쟁이기도 하지요.

신병주 정조도 군사력 확보와 국방 강화에 신경을 많이 썼어요. 대표적으로 유네스코 세계 문화유산으로 지정된 수원화성을 1794년에 착공해서 1796년에 완성합니다. 동쪽으로는 남한산성, 서쪽으로는 강화도, 북쪽으로는 개성, 남쪽으로는 수원화성 이렇게 외곽 네 곳에 유수부(留守府)를 설치해서 수도 서울을 방어하는 시스템을 구축하려 했어요. 또 왕을 지키는 친위 부대인 장용영(壯勇營)도 설치했죠. 정조가 국방 정책을 강력하게 추진할 수 있었던 것은 규장각을 통해 강력한 왕권을 확보하고 있었기 때문입니다. 규장각은 학문 연구기관이고 도서관이었지만, 규장각을 통해 배출된 인재들을 적극적으로 등용함으로써 혁신적인 정책들을 실행할 수 있었던 거죠.

또한 당시 고질적인 병폐로 자리 잡은 금난전권을 폐지했어요. 한성에는 정부의 허가를 받은 시전과 개인이 벌인 난전이 있었는데, 시전이 모든 상업 행위를 독점하게 하고 난전을 금지한 법이 바로 금난전권이죠. 정조는 이 법을 폐지해 소상인들이 적극적으로 상행위를 할 수 있도록 했습니다. 조선 경제에서 상당히 중요한 정책이라 할 수 있습니다.

이정민 두 군주 모두 인재 등용에서도 일가견이 있었다고 하던데, 정조와 프리드리히 2세가 등용한 인재로는 누가 있나요?

신병주 정조 하면 제일 먼저 다산 정약용이 떠오르죠. 많은 사람이 정약용을 실학자라고만 알고 있는데, 사실 정조 때 촉망받는 관료였습니다. 정조의 총애를 받아 주요 관직을 역임했어요. 노론 중심으로 국정이 운영되던 때라 남인이 등용되기 어려웠는데, 정조가 파격적으로 정약용을 발탁해 자신의 참모로 삼았지요. 또 다른 남인 출신 관료로는 채제공과 박제가가 있고, 서얼 출신으로는 유득공과 이덕무 같은 규장각 검서관들도 있습니다. 서얼 중에서도 능력이 출중하면 얼마든지 등용한 정조의 모습은 왕의 안목을 보여주는 대목입니다. 또 김홍도와 박지원도 정조 시대의 사람입니다. 왕의 관심사가 문화와 예술에까지 다방면으로 펼쳐졌다는 것을 의미하죠.

또한 평안도, 강원도, 호남 지역 등 지방 인재까지 고루 등용합니다. 출신과 지역을 따지지 않고 인재를 등용함으로써 사회통합을 하려 했던 의지가 엿보입니다. 정조가 말년에 가장 즐겼던 호가 '만천명월주인옹(萬川明月主人翁)'인데, 만 개의 시내를 비추는 밝은 달 같은 존재로서 모든 사람을 조화시키는 통치를 하고, 그 혜택을 다시 모든 사람에게 골고루 나눠주고 싶어 한 마음이 잘 담겨 있습니다.

이원복 프리드리히 2세도 폭넓게 인재를 등용했다고 합니다. 공직자가 갖춰야 할 태도에 대한 프리드리히 2세의 신념을 보면, 그가 어떠한 인재를 선호했을지 미루어 짐작할 수 있습니다. 최근 공무원을 가리켜 국가의 심부름꾼이라며 '공복(公僕)'이라고 표현할 때가 많죠. 프리드리히 2세는 이미 18세기에 이러한 개념을 확립했습니다. "군주는 국가와 국민의 최고의 종이다"라고 한 그의 말만 보더라도 알 수 있습니다.

내치에 힘쓴 정조 vs 전쟁에 주력한 프리드리히 2세

이정민 정치, 경제, 군사, 외교, 문화 등 거의 모든 면에서 정조와 프리드리히 2세가 많이 닮았는데요. 당시 조선과 독일을 둘러싼 주변 상황도 비슷했나요?

이원복 독일이라는 나라는 국경이 9개나 되는 나라이고, 조선은 청과 접한 국경이 다였잖아요. 정조는 외교 정책으로 원만한 관계를 유지했던 데 비해 프리드리히 2세는 끊임없이 전쟁을 치렀어요. 위로 아래로 옆으로 계속 싸운 거죠. 유럽 국가들은 여러 나라와 여러 형태로 연맹을 맺어 싸우는 데다, 빅토리아 여왕을 '유럽의 할머니'라고 부를 정도로 왕조 혈통이 서로 복잡하게 얽혀 있어 왕위 계승을 둘러싸고 전쟁이 끊이지 않았어요.

신병주 그에 비하면 조선은 양반이죠. 왕자도 있고 계비나 후궁도 있지만 왕위 계승은 단순했거든요. 인조 때 병자호란을 겪은 뒤 효종이 청에 복수를 하겠다며 북벌 정책을 폈지만, 정조 시대에 이르면 북벌이 국력 낭비로 여겨지고 오랑캐 나라로만 생각되던 청에 대한 인식도 바뀌기 시작합니다. 박지원같이 직접 청에 다녀온 사람들의 경험을 통해 선진적인 청의 문화나 정치가 전해지죠. 오히려 청으로부터 많은 것을 배워야 한다는 분위기가 형성되었어요. 조선은 정파 분열을 조정하면서 학문과 문화 그리고 경제 등 내부적으로 안정을 취하는 것이 주된 과제였다면, 유럽의 나라들은 지역적 특수성과 복잡한 왕위 계승 문제 등의 이유로 대외적인 전쟁이 군주의 주된 과제였습니다.

이정민 한국사와 세계사에서 가장 빛났던 두 계몽 군주인 정조와 프리드리히 2세에 대한 이야기를 들어보았습니다. 왕이 되어서도 학문을 게을리하지 않았던 정조의 모습이 인상적인데요, 늘 새로운 것을 탐구하고 익히는 데 부지런했던 왕이 내로라하는 개혁 군주가 되었다는 건 당연한 일이겠죠. 또한 아버지에 대한 반발심으로 많은 정책을 개혁하고, 복잡한 유럽의 상황 속에서 나라에 꼭 필요한 부국강병책을 취할 줄 알았던 프리드리히 2세의 냉철한 균형 감각도 놀라웠어요. 그 덕분에 오늘날 독일이 존재할 수 있었으리라는 생각이 듭니다.

새 시대를 지향한 대문호

박지원 vs 괴테·실러

한국사		세계사
박지원, 한양에서 박사유의 둘째 아들로 출생	1737	
	1749	**괴테,** 프로이센 프랑크푸르트 암마인에서 출생
이본천의 딸과 결혼 장인에게 학문을 배우기 시작	1752	
	1759	**실러,** 프로이센 뷔르템베르크에서 출생
(사도세자 사망)	1762	괴테, 라이프치히 대학교 입학
초시에 합격했지만 회시에 백지 답안지를 내고 나옴	1770	
	1771	괴테, 변호사 개업
	1772	괴테, 샤를로테 비프와 사랑에 빠짐
	1774	괴테, 《젊은 베르테르의 슬픔》 지음
	1775	괴테, 바이바르 대공국의 재상이 됨
(정조 즉위)	1776	아담 스미스, 《국부론》 발표
청 다녀와 《열하일기》 지음	1780	
	1782	실러, 첫 작품인 희곡 〈군도〉 초연
음서로 관직 진출	1786	괴테, 이탈리아 여행으로 고전주의 문학관 확립 (프로이센, 프리드리히 2세 사망)
	1787	실러, 《돈 카를로스》 지음
	1789	실러, 예나 대학에서 학생 가르침 (프랑스혁명 발발)
안의현감이 됨	1791	
문체반정	1792	
	1794	괴테, 실러를 만나 교우를 나눔 (프랑스, 로베스피에르 처형)
면천군수가 됨	1797	(프로이센, 프리드리히 빌헬름 3세 즉위)
《과농소초》 제출	1799	
(정조 사망) 양양부사가 됨	1800	
	1804	실러, 희곡 〈빌헬름 텔〉 완성 (프랑스, 나폴레옹 1세 황제 즉위)
중풍으로 사망	1805	실러, 폐렴으로 사망
	1808	괴테, 《파우스트》 1부 완성
	1825	(프로이센, 산업혁명 시작)
아들 박종채, 《과정록》 완성	1826	
	1829	괴테, 《이탈리아 기행》 출간
	1831	괴테, 《파우스트》 2부 완성
	1832	괴테 사망

대문호 하면 영국의 셰익스피어, 러시아의 톨스토이, 프랑스의 빅토르 위고 같은 세계적인 작가들의 이름부터 떠오릅니다. 하지만 우리나라에도 그들과 비교해서 전혀 손색이 없는 대문호가 있습니다. 18세기 조선 후기 북학파의 선두 주자였던 연암 박지원이 바로 그 주인공인데, 실학자이자 외교관이었던 그는 소설가로도 유명했습니다. 《양반전》, 《허생전》, 《호질》 등의 소설 외에도 청에 다녀와서 쓴 기행문 《열하일기》도 잘 알려져 있죠. 그리고 박지원과 비슷한 시기에 독일에서도 괴테와 실러라는 대문호가 탄생합니다. 세 문호와 그들의 작품을 통해 18세기 조선과 독일을 만나보겠습니다.

시대를 고민하고 새로운 시대를 지향하다

이정민 세 문호를 만나기 전에 '문호(文豪)'라는 단어가 가지는 의미를 좀 살펴볼까요? 아무래도 유럽과 조선에서 차이가 있을 것 같아요.

이원복 네, 맞습니다. 셰익스피어나 세르반테스, 괴테, 몰리에르 등 유럽에서 문호라고 일컬어지는 사람들의 작품은 문학적 가치가 높고 그 권위도 대단하지만, 더욱 중요한 특징은 그들의 작품이 그 나라 언어의 표본이 된다는 점입니다. 셰익스피어의 작품은 영어, 몰리에르의 희곡은 프랑스어, 세르반테스의 작품은 에스파냐어, 괴테의 작품은 독일어의 본보기가 되는 거죠. 그런데 박지원의 작품은 한자로 쓰여 있어 국어의 표본으로 삼기는 어렵죠. 박지원을 괴테나 실러와 비교할 때 이 점을 감안해야 합니다.

이정민 그렇군요. 그런데 박지원 혼자 세계적인 대문호를 둘이나 상대하려면 버겁지 않을까요?(웃음)

신병주 작품이 많기 때문에 무리는 없을 것 같습니다. 널리 알려진 《열하일기》뿐 아니라 《양반전》, 《허생전》, 《호질》, 《예덕선생전》처럼 대중적으로 인기 있는 소설도 많고, 그의 문집인 《연암집》에는 시를 포함해서 많은 글이 수록되어 있습니다. 이원복 선생님 말씀처럼 서양의 문호 개념과는 다소 다를지 몰라도, 시대를 고민하고 새로운 시대를 지향하는 모습은 세계적인 문호들과 비견해도 손색이 없을 것입니다. 우리가 셰익스피어나 괴테의 작품은 줄줄 외고 그 내용이 어떤지 알고 있으면서, 정작 조선의 박지원이 어떤 작품을 썼는지 또 어떤 내용을 다루고 있는지는 모르는 경우가 많잖아요. 이제는 우리 역사와 인물에 관심을 가져야 한다는 측면에서 이번 비교는 의미가 큽니다.

이원복 박지원과 괴테와 실러를 비교할 때 가장 먼저 눈에 들어오는 공통점은 세 사람이 모두 동시대인이라는 것입니다. 실러와 박지원은 1805년 같은 해에 죽었어요. 게다가 당시 독일과 조선의 상황은 닮은꼴이 많습니다. 본질적으로는 다를지 몰라도 '변화'라는 키워드를 놓고 본다면 분명 공통점이 많을 겁니다. 박지원은 그때까지의 문학 작품과는 달리 당시 계급 사회의 모순을 지적하고 양반 사회를 통렬히 비판하죠. 마치 모든 것을 뒤집어엎을 듯이 새롭고 개혁적이고 혁명적이며 비판적인 문학을 구사하지 않았습니까. 실러의 문학도 선과 악, 정의와 불의의 문제를 두고 벌어지는 인간 내면의 갈등을 표현했다는 점에서 굉장히 새롭거든요.

신병주 1737년에 태어나 1805년에 사망한 박지원은 인생의 전반기는 영조 집권기에, 후반기는 정조 집권기에 보냈습니다. 영·정조 시대는 조선의 르네상스로 불리며 사회, 경제, 문화 측면에서 변화가 많았던 시대였어요. 북학파 학자들이 자리를 잡아가던 이 시기에 그 중심에서 활약한 인물이 박지원이고요.

어릴 때 상당히 영특했다는데, 일반적이지 않고 특별한 문장을 구사한 탓인지 20대 후반부터 응시한 과거에서 계속 낙방을 합니다. 어느 해엔 1차 시험에는 합격했는데, 2차 시험에선 백지 답안지를 제출했다고 해요. 과거에서 요구하는 답안 형식이 자신과 맞지 않았던 모양이에요. 백탑이라 불린 원각사지 10층 석탑의 주변에 많은 제자들과 모여 살면서 학문을 토론하고 저술 활동을 활발히 벌였죠. 이들을 백탑파(白塔派)라고 하는데 박제가, 홍대용, 유득공 등과 함께 진보적인 사상을 나누고 키워나간 것을 보면 박지원이 과거 시험을 답답해한 것도 이해가 갑니다.

박지원은 정조 때에 이르러 조상들의 후광으로 문음(門蔭)을 통해 관직에 나가게 됩니다. 안의현감, 면천군수, 선공감감역을 수행했는데 지방관으로서도 꽤 뛰어난 역량을 발휘했다고 합니다. 다만 패관잡기를 썼다고 지적받아 반성문을 쓴 적이 있어요. 문장이 도를 담는 그릇이라고 여겨 정확하고 깔끔하며 비속어를 쓰지 않는 절제된 문장을 추구한 정조의 눈에는 마뜩잖았던 모양이에요.

독일어 문화권의 2대 문호로 손꼽히는 괴테와 실러

이원복 서양은 르네상스를 통해 인간의 이성을 강조하는 과정에서 계몽주의가 자리를 잡아가고 있었어요. 그리고 1700년대에 들어서면서부터는 인간의 본성이나 의욕, 욕구 같은 감성에도 관심을 가지기 시작합니다. 이러한 사조가 독일에서는 1760년에서 1780년 사이에 '질풍노도 운동(Sturm und Drang)'으로 펼쳐집니다. 1700년대 후반에서부터 박지원과 실러가 사망한 1805년까지는 세계사에서 혁명적인 변혁기에 해당합니다. 1776년에 영국의 아담 스미스는《국부론》을 발간했고, 미국에서는 '독립선언문'을 발표했죠. 프랑스에서는 1789년에 대혁명이 일어났고, 1804년엔 나폴레옹이 황제로 즉위합니다. 괴테와 실러는 세계 근대사에서 이렇듯 격동의 시대를 살다간 사람들이었어요. 이들의 이력을 일일이 나열하지 않고 그 시대만 상상하더라도, 이들의 삶이 어떠했을지 충분히 짐작할 수 있을 겁니다. 이 격변의 시대를 살고 있는 젊은이가 무엇을 느끼고 무엇을 고민하고 무엇을 썼을지 말이죠. 실러의 작품엔 항상 선과 악, 정의와 불의가 등장하고, 괴테는 영혼의 구원과 영원한 사랑을 찾아 헤맵니다.

괴테는 재상을 지낸 것으로도 잘 알려져 있어요. 재상이라고 하면 국무총리 같은 걸 연상하기 마련이지만, 1871년까지 독일은 수백 개의 작은 나라로 나뉘어 있었어요. 작은 나라가 도시 하나, 큰 나라는 도(道) 하나 정도 규모였으니 대공국 바이마르의 재상이었던 괴테는 지금의 군수쯤 됩니다. 10년여의 시간이 지나고 되돌아보니 정치 활동도 작품 활동도 미진했던 점이 안타까워 재상직을 내려놓고 이탈리아로 떠났고, 그렇게 해서 탄생한 작품이《이탈리아 기행》입니다.

실러는 하급 군의관의 6남매 중 외아들로 태어났어요. 신학 공부를 하고 싶어 했는데, 영주가 허락하지 않아서 이룰 수 없었어요. 당시엔 영주가 공부할 과목까지 정해주었거든요. 영주의 명령으로 사관학교에 입학해서 법학을 공부하다가 과목을 바꾸어 의학을 전공한 뒤 아버지처럼 하급 군의관이 됩니다. 하급 군의관으로 있으면서《군도》라는 희곡을 써서 발표한 다음부터 갑자기 유명세를 타기 시작했어요. 하지만 이를 탐탁지 않게 여긴 영주가 '집필 금지령'을 내립니다.

하지만 다른 지방으로 도망까지 가서 소설과 희곡을 쓰는 등 왕성한 집필 활동을 합니다.《돈 카를로스》도 이때 쓴 거예요. 역사 인물을 다룬 셰익스피어의 작품《맥베스》,《햄릿》,《헨리 5세》 등에 영향을 받아 실러도 역사적 사실을 기본으로 삼아《오를레앙의 처녀》,《빌헬름 텔》 등을 썼어요. 이 작품들에 항상 등장하는 공통 요소가 바로 '선와 악'의 문제인 거고요.《군도》는 형 카를과 못된 동생 프란츠 사이의 갈등과 번민을 다루고 있습니다. 또《오를레앙의 처녀》는 잔 다르크가 주인공인 만큼 영국이라는 악이 등장하죠. 그리고《돈 카를로스》에서는 나쁜 아버지와 핍박 받는 아들이 나오잖아요. 이렇듯 인간의 내면적 갈등을 많이 그렸습니다. 인생 후반기에 실러는 괴테를 만났고 둘은 영적으로도 문학적으로도 교감을 나누었습니다.

신병주 18세기 중·후반 조선에는 음악이든 문학이든 예술 분야에 우리가 잘 아는 뛰어난 인물이 많이 등장합니다. 연암 박지원뿐 아니라 다산 정약용, 단원 김홍도가 이 무렵 사람이니까요. 이

시기가 전 세계적으로 격동의 시기이자 천재의 시대였던 것 같습니다.

이원복 그렇죠. 실러와 괴테는 독일어 문화권에서 지금까지도 2대 문호로 꼽힙니다. 후에 아무리 대단한 작가들이 등장했다 해도 이 둘을 뛰어넘지 못했습니다.

이정민 괴테는 언제 처음 작가가 되기로 결심했나요?

이원복 작가가 되겠다고 특별한 마음을 먹는다는 건 요즘 사고방식인 것 같아요. 당시엔 종합적인 지식 교육을 했죠. 한 사람이 피아노도 칠 줄 알고, 글도 쓸 줄 알고, 자연과학에도 관심을 가졌죠. 괴테도 원래 글만 쓰는 사람은 아니었어요. 독일 문학에서 굉장히 중요한 헤르더라는 작가를 만나고 문학의 본질에 대해 이해하게 되면서 문학의 세계로 빠져들기 시작했어요. 당시 20대 초반이었던 괴테는 성서를 비롯해 호메로스와 셰익스피어의 작품을 읽고 민요나 설화를 탐독했습니다.

괴테의 일대기를 보면 여성이 많이 등장합니다. 열네 살에 만난 첫사랑 그레티헨은, 자신의 대작이자 평생 동안 집필했던 《파우스트》의 여주인공으로 등장합니다. 또 친구의 약혼녀인 샤를로테에게 첫눈에 반한 괴테는 이 이루어질 수 없는 사랑을 《젊은 베르테르의 슬픔》으로 남깁니다. 당시 많은 청년이 이 소설을 읽고 자살할 정도로 이 작품은 사회적으로 큰 파장을 일으켰습니다. 나폴레옹은 전쟁 중에도 막사에서 이 소설을 읽었다고 하고요.

괴테가 《호질》을 집필했다면?

이정민 박지원은 자신도 양반이면서 양반을 비판하는 소설을 썼다는 점이 참 특이한데요?

신병주 이원복 선생님께서 말씀하신 것처럼 괴테나 실러의 작품은 선악이 분명하다 보니 독일적이라는 인상을 강하게 받게 됩니다. 하지만 박지원이 쓴 《양반전》이나 《호질》 등을 보면 굉장히 해학적으로 풀어갑니다. 괴테가 《호질》을 집필했다면 호랑이가 양반을 확 물어버렸을 것 같아요. 하지만 박지원의 호랑이는 양반을 야단친 뒤 타일러서 돌려보냅니다. 《양반전》도 양반의 위세와 허풍을 풍자적으로 풀어나가죠.

그렇다고 해도 상당히 이례적이죠. 권위나 기득권에서 벗어나 자신이 속한 양반 계급을 신랄하게 비판했으니까요. 박지원은 조선 사회의 신분제도에 변화가 필요하다고 생각했습니다. 양반이라고 해서 현실을 등한시한 채 글공부만 일삼을 것이 아니라 상업이나 수공업에 종사할 수 있는 유연성을 가져야 한다고 여겼죠. 박지원의 대표작 《허생전》에서도 여실하게 드러나지만, 필요하다면 양반도 장사하러 갈 수 있는 사회가 되어야 한다고 생각했어요. 자본주의의 맹아적 흐름을 엿볼 수 있는 소설이기도 하고요, 조선 후기 실학의 흐름이 담겨 있는 소설이기도 합니다. 북학파라고도 불린 실학자들은 청의 발달한 문물에 자극을 받았어요. 예를 들어 벽돌로 지은 집은 우리네 집보다 훨씬 화려하고 또 단단했거든요. 하지만 청이 오랑캐 나라이기 때문에 그들의 문물을 받아들일 수 없다고 여긴 사람이 많았죠. 박지원을 비롯한 실학자들은 그런 화이(華夷)적 사고를 극복하고 학문이든 문화든 문물이든 우리보다 앞선 것은 배우자고 주장했던 겁니다.

이원복 전통적 유교 사회에서 실학으로 눈을 떴다는 점은 일종의 계몽주의라고 볼 수도 있을 것 같네요.

신병주 네, 그렇습니다. 계몽주의적인 요소가 있죠. 박지원과 관련해서 재밌는 점은 아들인 박종채가 아버지의 일대기를《과정록》이라는 책으로 남겼다는 것입니다. 그렇다 보니 박지원은 인물 연구가 상대적으로 수월한 편이에요. "젊었을 적부터 권세와 이익을 미워하고, 오히려 자신이 좋아하는 창작물을 시작해서 9개의 전(傳)을 지었다. 그 제목이《김신선전》,《마장전》,《예덕선생전》,《민옹전》,《양반전》,《광문자전》,《우상전》,《역학대도전》,《봉산학자전》"이라고 나옵니다. 지금은 제목만 전하는《역학대도전》은 '학문을 팔아먹는 큰 도적에 대한 이야기'라는 제목만 보더라도 양반 사회의 허세를 강하게 비판하는 내용임을 알 수 있죠. 이 초기 작품들을 통해 연암 박지원이 젊어서부터 사회 비판적인, 특히 양반 계급에 대해 풍자하는 작품을 썼음을 알 수 있습니다. 박지원 자신도 양반의 특권을 벗어던지고 이런 패관 문학에 관심을 가졌으니까요.

이정민 성리학을 근본이념으로 삼은 조선은 유럽과 분위기가 사뭇 달랐던 것 같습니다. 그럼에도 박지원과 괴테, 실러 모두 자신이 속한 사회의 모순과 부조리에 맞서 작품 활동을 했다는 점이 흥미로운데요. 하지만 그 내용과 방식은 또 달랐겠죠?

신병주 조선 후기 양반 사회는 성리학이 강고하게 자리 잡으면서 사상적인 유연성이 사라지고, 경제 분야에서도 농업만 강조되다 보니 상공업이 약했어요. 신분 차별이 커지면서 적서의 구별도 심해져 능력 있는 서얼들이 관직에 진출하기 어려웠어요. 박지원은 경직된 성리학적 질서와 양반 중심의 사회를 바꿔보자는 의미를 담아 소설을 썼던 거죠. 박지원과 어울렸던 박제가, 이덕무 모두 서얼 출신이거든요. 또《과정록》을 보면 박지원이 왜 그토록 소설을 즐겨 썼는가에 대한 해답이 나와 있습니다. "우리 아버지가 스무 살 전후에 불면증이 있어서 눈을 붙일 수 없는 것이 사나흘이 되곤 했다. 이 시기에 적적함을 이기고 병을 견디기 위해" 쓰기 시작했다고 해요. 아들이 아니면 알기 어려운 내용들이죠.

이원복 독일 문학은 프랑스 문학과는 전혀 다른 성격을 띱니다. 프랑스 사회가 감정을 밖으로 분출하는 성향이 강하다면 독일 사회는 감정을 꾹꾹 눌러 담아서 삭이는 성향이 강해요. 독일 사람들은 프랑스 사람들처럼 혁명을 통해 밖으로 표출하지 못하고 내면적으로 갈등합니다. 실러의 작품을 두고 '운명과 대결하는 의지의 힘'이라고들 평가하는데 그 운명이라는 것이 우리에게 주어진 사회 환경일 수도 있고, 절대 권력이나 절대 악이 될 수도 있겠죠. 이 운명과 대결하는 의지라는 것은 온전히 자기 자신의 힘입니다. 실러든 괴테든 작품에서 사회의 모순과 부조리에 맞서기보다는 내면으로 끌어들여서 자기와의 투쟁으로 승화시키는 내용을 다뤄요. 이러한 점들은 독일 문학의 특징으로도 볼 수 있습니다.

《열하일기》 vs 《이탈리아 기행》

이정민 박지원과 괴테 둘 다 관료 생활을 했다는 공통점이 있는데, 박지원은 관료로서 어떤 평가를 받았나요?

신병주 늦은 나이에 관직에 진출한 박지원은 경상도 안의에서 현감을, 또 충청도 면천에서 군수를 지냈습니다. 박지원의 관직 생활에서 주목할 점은 청에 가서 배워 온 여러 선진 문물을 실제로 적용해보고자 상당히 많은 노력을 기울였다는 것입니다. 특히 현감 시절에 안의에서 직접 수레나 수차, 배, 물레방아를 만들어 고을에서나마 시범적으로 실학사상을 실천했습니다. 시골 마을에 호리병 모양의 지붕을 씌우고 둥근 창을 낸 전형적인 중국식 건물, 하풍죽로당(荷風竹露堂)을 지었다는 기록도 남아 있어요. 청의 앞선 문화를 백성들과 나누고 싶어 한 박지원의 마음을 엿볼 수 있죠. 안타깝게도 하풍죽로당은 남아 있지 않지만, 그 자리에 들어선 안의초등학교에 비석이 세워져 있습니다. 박지원의 유적은 현재 전하지 않지만, 복원을 해서 그가 실천하고자 했던 실학의 발자취를 알릴 필요가 있습니다.

안의현감을 그만두고 서울에 올라왔을 때 정조도 "박지원이 늘그막에 수령으로 나아가 한편으로 걱정이 됐는데, 이야기를 들어보니 정치도 꽤 잘하고 고을 원으로서의 치적이 훌륭하다"고 평가했습니다. 정조가 여러 정책에 대해 지방관의 의견을 받을 때 면천군수로 재직 중이던 박지원은 1799년에 《과농소초》를 제출합니다. 박지원의 실학사상이 담긴 대표적인 저서 중 하나인데, 박지원이 관료로서의 면모도 뛰어났음을 보여주는 대목이기도 합니다.

이정민 괴테가 관료 생활을 정리한 이후에 남긴《이탈리아 기행》이 유명하지요?

이원복 네, 제목 그대로 기행문입니다. 요즘은 한국에서도 열 시간 남짓 비행기를 타면 이탈리아에 갈 수 있지만, 당시엔 걸어가거나 마차를 타고 가야 했기 때문에 외국 여행이 흔치 않았어요. 케이티엑스(KTX)는 한 시간 동안 200킬로미터 이상 달리지만 당시 마차는 시속이 12킬로미터 정도였어요. 마차를 타고 가던 괴테가 남긴 유명한 말이 있어요. "너무 빨리 지나와서 아무것도 못 봤다!"(웃음) 괴테 초상화 중에 로마 평원에 있는 괴테의 모습을 담은 유명한 작품(1787)이 있어요. 마차가 너무 빨라서 피곤했던지 여행 중간에 마차에서 내려 의자에 앉아 쉬고 있는 모습이죠. 당시 여행이란 괴나리봇짐을 싸들고 슬슬 걸어가면서 주변도 둘러보고, 선술집에 들러서 술도 한잔하는 것이었을 테니까요. 진짜 슬로우 라이프였던 겁니다. 우리는 모든 것을 빨리빨리 하고 있다 보니 놓치는 것이 너무 많죠.

거의 2년에 걸친 이탈리아 여행에서 경험한 고대 그리스와 로마의 문명으로부터 문학적 자극을 받아 괴테의 문학 세계가 상당히 깊어지지요. 독일인의 눈에 비친 이탈리아는 경이로운 나라였죠. 독일도 긴 역사와 전통을 가졌지만, 이탈리아처럼 고대의 유적이 많이 남아 있지는 않으니까요. 관광 안내서나 안내판도 없던 시절, 고대 로마의 유적들을 직접 접하면서 받은 괴테의 문화적 충격이《이탈리아 기행》에 고스란히 담겨 있습니다.

신병주 박지원도 청 기행문을 남깁니다. 지금은 베이징까지 비행기로 2시간이면 갈 수 있는데, 주로 말을 타고 간 박지원은 1780년 5월 20일에 출발해서 베이징을 거쳐 같은 해 10월 27일에 열하에 도착했습니다. 베이징 같은 도시나 주요한 고을에서는 얼마간 머물면서 관찰하고 기록으로 남겼죠. 몇 년 전에《열하일기》에 나온 코스대로 답사를 간 적이 있어요. 200여 년 전에 박지원이 점심을 먹은 곳에서 저희 답사 일행도 점심을 먹었는데 느낌이 남달랐습니다.

이원복 열하는 청 황제의 여름 별장이 있던 곳으로 황제의 피서지였죠. 2차 아편전쟁 때 영국과 프랑스 연합군에게 베이징이 포위당하자, 서태후 등이 도망친 곳이기도 해요.

신병주 네, 그래서 여름에 맞춰 떠난 조선 사신들은 더 멀리 열하까지 가야 했으니 사실 부담스러워했죠. 하지만 박지원은 청으로 가는 사신이라면 어차피 베이징까지야 가야 하는 것이고, 기왕 청에 온 김에 열하도 가볼 수 있게 되어서 오히려 좋아했던 것 같습니다. 그래서 제목도 '열하일기'가 된 거죠. 열하까지 가는 동안 거친 마을과 접한 문물이며 만난 사람에 대해 상세하게 적어두었는데, 그중에서도 돌이 아닌 벽돌로 지은 벽돌집에 가장 감흥을 받았더라고요.

대문호의 최후

이정민 조선과 독일을 대표하는 대문호의 마지막은 어땠는지 궁금합니다.

이원복 괴테는 순탄한 말년을 보냈습니다. 죽은 뒤에 단지 한 사람의 문학가가 아니라 '독일 민족의 상징'으로 인정을 받게 됩니다. 독일어를 가르치는 독일문화원의 이름이 '괴테 인스티튜트

(Goethe-Institut)'일 정도니까요.

실러는 '자유로운 영혼'의 상징으로 여겨졌습니다. 열 살이나 차이가 났는데도 평생 교우한 괴테와 실러는 문학의 동반자였죠. 독일 문학의 양대 산맥, 독일 지성의 대표로서 독일 민족과 정신을 대변하는 작가들이라고 할 수 있습니다.

신병주 관직에 있는 양반이 비속한 표현을 일삼았다고 해서《열하일기》는 정조의 문체반정의 표적이 되었어요. 박지원은 반성문을 써야 했고,《열하일기》는 한때 금서였어요. 정조가 승하한 직후인 1800년 양양부사로 임명되지만, 관내에 폐단이 많다 보니 병을 이유로 사직하고 관직에서 물러납니다. 예순여섯쯤에 부친의 묘를 이장하는 문제로 유한준과 심하게 다투고 나서 울화병을 얻는가 하면, 중풍으로 글을 짓지 못했다고 하니 말년이 좀 불우했죠.

《열하일기》가 금서로 정해지자 오히려 더 많은 사람에게 읽혔다고 해요. 계속 필사본으로 전해지다가, 박지원 사후 100년이 되던 해에 정식 활자본이 출간되어 조선에도 이러한 위대한 작가가 있었음을 널리 알릴 수 있었습니다.

이정민 해마다 노벨문학상 후보로 우리나라에서는 고은 시인을 비롯한 많은 작가들이 자주 거론이 되고 있는데, 아쉽게도 매번 고배를 마시고 있습니다. 만약 연암 박지원이 18세기가 아니라 지금 우리와 같은 시대를 살고 있다면 어땠을까라는 상상을 해 봅니다.

왕의 화가

김홍도 vs 자크 루이 다비드

한국사		세계사
김홍도, 중인 집안에서 출생	1745	
	1748	**자크 루이 다비드,** 파리에서 출생
(균역법 실시)	1750	
(사도세자 사망)	1762	
	1766	조제프 마리 비앵의 제자가 됨
	1770	(프랑스 루이 16세, 마리 앙투아네트와 결혼)
	1771	스승 조제프 마리 비앙과 이탈리아 여행을 떠남
영조 어진 제작에 참여	1773	
	1774	로마상 수상
(정조 즉위)	1776	(아담 스미스, 《국부론》 발표)
정조 어진 작업 참여	1781	
경상도 안기찰방이 됨	1784	첫 대표작 〈호라티우스 형제의 맹세〉 그림
	1789	(프랑스혁명 발발)
충청도 연풍현감으로 부임	1791	
(스승 강세황 사망)		
	1793	〈마라의 죽음〉 그림
		(루이 16세와 마리 앙투아네트 처형)
	1794	로베스피에르 처형되자 투옥됨
		제자들의 탄원으로 1년 만에 석방
연풍현감에서 해임	1795	
한양으로 돌아와 단원화풍이라 불리는 작품 활동		
(수원화성 완성)	1796	
	1799	(나폴레옹, 대통령에 선출)
(순조 즉위)	1800	
	1804	(나폴레옹 1세 황제 즉위)
이 무렵 사망한 것으로 추정됨	1805	
	1806	〈나폴레옹 1세와 조세핀 황후의 대관식〉 완성
	1809	스승 조제프 마리 비앙 사망
(홍경래의 난 발발)	1811	
	1814	(나폴레옹 1세 퇴위, 루이 18세 즉위)
(정약용, 《목민심서》 지음)	1815	벨기에 브뤼셀로 망명
	1825	사망

숙종은 사가로 쫓겨났던 인현왕후가 복위된 뒤 초상화를 그려주려 했다고 합니다. 억울하게 내침을 당했던 왕비에 대한 미안함과 인현왕후의 후덕함을 초상화에 담고 싶었겠죠. 하지만 종친이나 외척 외에는 외간 남자가 함부로 중궁전에 들어갈 수 없었기 때문에, 아무리 임금의 뜻이라 해도 인현왕후의 초상화는 그릴 수 없었습니다. 하지만 자신이 원하는 것을 모두 그림으로 그리도록 한 왕이 있었으니, 화원을 제도화한 정조입니다. 그리고 정조의 총애를 받으며 원 없이 그림을 그린 궁중 화원이 있었으니, 바로 조선 후기의 천재 화가 단원 김홍도입니다. 그 비슷한 시기의 프랑스에는 나폴레옹의 절대적인 후원을 받은 궁정 화가, 자크 루이 다비드가 있었습니다. 조선과 프랑스 미술사에 큰 영향을 끼친 왕과 그 왕의 총애를 받은 화가를 만나보겠습니다.

있는 그대로를 그린 초상화 vs 과대 포장된 초상화

이정민 왕의 총애를 받던 궁정화가 김홍도와 자크 루이 다비드가 처음 어떻게 그림을 그리게 되었는지 알아볼까요?

신병주 김홍도의 집안은 원래 무반 가문이었으나, 그가 태어난 1745년 무렵에는 전형적인 중인 신분에 속했습니다. 김홍도는 문인이자 서화가이며 평론가였던 강세황(1713~1791)의 집을 드나들면서 그림을 배웠는데, 스승을 잘 만난 덕에 크게 성장할 수 있었어요. 보통 제자가 스승에 대해 술회하는 경우가 많은데, 강세황과 김홍도의 관계에서는 이례적으로 스승인 강세황이 김홍도에 대해 남긴 기록이 많습니다. 그만큼 아끼는 제자였다는 의미겠죠. 김홍도의 거주지는 분명하게 알려지지 않았지만, 강세황의 집이 안산이었기 때문에 김홍도도 안산에 살았을 것으로 추정합니다. 그래서 안산시에는 김홍도를 기리는 의미에서 이름을 붙인 '단원구'가 있죠.

김홍도는 그림 전문 기관인 도화서에 속한 화원으로 영조의 어진 제작에 참여하고 정조의 초상화도 그렸습니다. 특히 정조의 눈에 들어 정조 시대에 국정에 참고가 될 만한 그림을 그렸어요. 씨름 장면, 시장 풍경, 농민들이 새참을 먹는 모습 등을 담은 김홍도의 풍속화는 당시 백성의 생활상을 알고 싶어 했던 정조의 요구로 그려졌을 가능성이 높습니다. 김홍도는 풍속화 외에도 인물화와 신선도도 잘 그렸습니다.

이원복 김홍도보다 세 살 아래인 자크 루이 다비드는 1748년 파리에서 태어났습니다. 옷감 상인이었던 아버지가 일찍 죽는 바람에 삼촌들 밑에서 자랍니다. 화가 조제프 마리 비앙의 제자로 들어갔고 1774년에는 로마상을 수상했는데, 요즘으로 치면 미술 콩쿠르에서 1등을 한 거죠. 그때부터 화가로 인정받기 시작했습니다. 1775년 스승 비앙과 함께 이탈리아 여행을 떠났고 이탈리아에 5년간 머물면서 르네상스 회화와 고대 로마 미술에 감명 받아 고전주의 화풍을 연구했습니다.

다비드는 파란만장한 시대를 살았습니다. 왕이 있을 당시엔 궁정 화가, 혁명 시대에는 혁명 화가, 나폴레옹 시대엔 황제의 화가로 불렸으니까요. 루이 16세를 그리던 다비드는 혁명이 일어나자 루이 16세 처형에 찬성표를 던집니다. 혁명의 기수였던 장 폴 마라, 로베스피에르와도 굉장히 친하게 지냈어요. 그러다 로베스피에르가 처형당하고 혁명 정부가 실각하자 다비드도 감옥에 갇힙니다. 왕궁에서는 큰 그림을 많이 그리기 때문에 자신의 화풍을 닮은 제자들을 양성해요. 주요한 부분만 직접 그리고 나머지는 제자들이 그리는 거죠. 가령 루벤스는 손도 안 댄 자신의 그림이 많죠. 왕궁 시절에 키운 제자들의 탄원 덕분에 다비드는 1년 만에 풀려났고, 워낙 재주가 출중하다 보니 나폴레옹의 눈에 들어 다시 궁정 화가로 발탁되죠.

신병주 조선에서도 국가의 중요 기록화를 그릴 때 팀을 구성합니다. 주관 화사(主管畵師)를 중심으로 몇몇 동참 화사(同參畵師)와 여러 수종 화원(隨從畵員)이 함께 작업을 했어요.

이원복 다비드는 초상화를 그리는 능력 또한 대단했어요. 다비드가 그린 나폴레옹의 초상화 중에 〈알프스를 넘는 나폴레옹〉이 특히 유명하죠. 앞발을 쳐든 말 위에 올라탄 나폴레옹이 기세 좋게 손짓하고 있는데, 사실 이 그림은 과대 포장된 초상화의 대표 주자이기도 합니다. 산세가 워낙 험하다 보니 알프스 산맥을 넘을 당시 사실은 노새를 타야 했거든요.

궁정 화가의 주된 역할 가운데 하나가 못생긴 왕비는 예쁘게 그려주고, 왕을 그릴 땐 배경에 천사 등을 넣어서 신격화하는 것이기도 했죠. 한쪽 눈을 잃은 한니발의 초상화를 그린 화가가 고심 끝에 옆모습을 담아서 한니발의 명예를 지켜주었던 것처럼 말예요. 왕족이나 귀족의 초상화를 보고 있자면 하나같이 미남이고 미녀잖아요.

신병주 이런 부분은 조선과 달랐네요. 조선에서는 왕의 초상화를 어진(御眞)이라고 불렀는데, 참 '진 자(眞)'를 쓴 만큼 있는 그대로 그리려고 애썼어요. 실물보다 예쁘게 그리면 오히려 처벌을 받았죠. 조선 시대 관리들의 초상화를 보면 술을 많이 먹은 사람

은 코가 빨갛게 그려졌고, 간이 나빠서 얼굴이 까만 사람은 까맣게 그려졌어요. 천연두에 걸린 사람들의 초상화에는 마마 자국마저도 그대로 그려 넣었기 때문에 조선 후기 의학사를 연구하는 자료로 쓰일 정도입니다.

이원복 다비드 시대에 이르러 화풍이 완전히 바뀌어 신고전주의가 자리 잡은 것을 보면, 다비드는 성향이 매우 진취적이었던 것 같아요. 이전까지는 귀족들이 즐기던 화려하고 감각적이며 퇴폐적인 분위기가 났던 로코코 양식이 유행했습니다. 반면 혁명적 기질이 다분했던 다비드는 웅장하고 장엄한 분위기의 그림을 그렸지요.

어쩌면 다비드는 이미 귀족 문화에 반감을 가지고 있었는지도 모르겠습니다. 그래서 혁명이 일어나자마자 기꺼이 그 대열에 가담했고요. 욕조에 앉아 피를 흘리는 마라를 그린 〈마라의 죽음〉은 조르주 당통, 로베스피에르와 함께 공포 정치를 이끈 마라를, 단숨에 혁명의 영웅이자 순교자로 미화했습니다.

정조의 화가 vs 나폴레옹의 화가

이정민 도화서에 많은 화원이 있었을 텐데, 정조의 눈에 든 걸 보면 김홍도의 실력이 매우 뛰어났던 것이겠죠?

신병주 도화서에서는 국가에 필요한 지도 같은 실용적인 그림이나 기록화, 왕실의 초상화 등을 제작했어요. 왕실의 주요 행사인 혼례식, 장례식, 왕의 행차 등이 있으면 그 모든 과정을 의궤로 남겼는데, 거기에 들어가는 그림도 도화서에서 담당했죠. 행사에 참석한 신하들이 늘어선 순서나 옷차림을 세세하게 담은 그림을 반차도(班次圖)라고 하는데, 20대 초반의 김홍도가 이 반차도를 그리는 작업에 참여하면서 왕의 눈에 띈 것 같습니다. 특히나 실력을 인정받은 사대부 화가 강세황이 입에 침이 마르도록 칭찬을 아끼지 않았으니 더욱 주목받았을 테고요.

이정민 다비드도 나폴레옹의 대관식 장면을 담은 거대한 그림을 그리지 않았나요?

이원복 〈나폴레옹 1세와 조세핀 황후의 대관식〉은 크기가 어마어마합니다. 가로 979센티미터, 세로 621센티미터의 그림입니다. 예복을 다 갖춰 입은 나폴레옹이 무릎을 꿇고 고개를 숙인 조세핀에게 관을 씌워주려는 순간이 벽 하나에 가득 그려졌으니, 그걸 볼 때마다 나폴레옹이 얼마나 감격스러웠겠습니까. 실제로 이 그림을 본 나폴레옹이 감탄을 금치 못했다고 해요. 보통 대관식이라고 하면 무릎을 꿇고 있는 왕에게 교황이 관을 씌워주는 장면이 먼저 떠오르기 마련인데, 나폴레옹은 이를 거부했습니다. 가장 높은 지위에 있는 황제 자신이 직접 관을 썼어요. 관 또한 로마 황제의 상징인 월계관을 황금으로 만들었죠.

이정민 크기가 정말 대단하네요. 당시에 모든 그림이 그렇게 큰 것은 아니었죠?

이원복 우리가 흔히 떠올리는 액자에 넣어 벽에 걸 수 있을 정도 크기의 그림은 15세기 르네상스 이후에 등장했습니다. 그 전까지는 대개 프레스코(fresco) 기법으로 벽에 그림을 그렸어요. 벽을 장식하는 대표적인 방식이 그림이었던 것이죠. 벽면을 가득 채운 그림을 액자 속으로 가져온 장본인이 르네상스 시기 네덜란드 상인들이었습니다. 네덜란드에서는 창문 크기로 세금을 매겼기 때문에 집이 대개 규모가 작았어요. 집에서도 그림을 즐기고 싶었기에 그림 크기를 줄인 거죠. 하지만 왕궁이나 대저택에서는 여전히 그에 걸맞게 큰 그림을 선호했죠.

이정민 다비드는 나폴레옹의 전속 화가였고, 김홍도는 정조는 물론 영조의 초상화까지 그렸으니 둘 다 초상화 전문가라는 점이 닮았네요.

신병주 하지만 김홍도는 얼굴은 그리지 않았어요. 얼굴을 담당하는 주관 화사인 화산관 이명기가 얼굴을 그리면 동참 화사인 김홍도가 몸체를 그렸다고 해요. 수종 화원들은 먹을 갈고 물을 떠왔겠죠. 철저하게 팀제로 작업을 했지요.

또 〈알프스를 넘는 나폴레옹〉에서 보이듯 다비드 그림의 중심에는 나폴레옹이 있다면, 김홍도 풍속화의 주인공은 조선 백성이었어요. 백성의 삶을 보고 싶어 한 정조의 마음과도 무관하지 않겠죠. 〈화성능행도〉에서 수원 화성을 찾은 정조의 모습은 권위적이지 않습니다. 왕의 행차를 보러 나온 백성들은 거리낌 없는 모습이고, 무리 중간에 대목이라고 여겼던지 떡장수와 엿장수까지 있는 걸 보면 그곳의 자유로운 분위기가 절로 느껴집니다.

이렇게 다양한 그림을 그릴 수 있는 기회를 주었다는 것이 바로 정조가 김홍도를 신뢰하고 아끼는 방식이었을 겁니다. 마찬가지로 국정을 직접 일일이 돌아볼 수 없는 왕을 대신해서 백성들의 형편을 살피고 혼신을 다해 그들의 삶을 그리는 게 김홍도가 정조의 마음에 화답하는 방식이었을 테고요. 금강산 일대와 관동 8경을 그린 〈금강사군첩〉만 보더라도 김홍도가 정조를 대신해 조선 팔도 구석구석을 유람했음을 알 수 있죠. 또 강원도 평창 월정사 부근에 있는 오대산 사고(史庫)를 그리기도 했어요. 책 좋아하기로 유명한 정조가 국가의 중요한 기록을 보관하는 서고의 모습이 얼마나 궁금했겠습니까. 오대산 사고까지 가는 길은 지금도 오르기가 쉽지 않은 산길인데, 김홍도는 기꺼이 다녀온 것이죠.

한편, 정조는 영조 후기에 임시로 설치되곤 했던 자비대령화원(差備待令畫員)을 제도화하여 체계적으로 정비했습니다. 자비대령화원이란 왕실의 직속 화원으로 왕실에서 필요한 그림을 그리는 일을 했어요. 시험을 거쳐 최고의 화원을 뽑았는데, 재밌는 것은 정작 김홍도는 거기에서 제외됩니다. 김홍도의 능력이 부족해서가 아니라, 자비대령화원은 출퇴근 도장도 찍어야 하고 수시로 과제도 제출해야 하는 등 제약이 많기 때문에 왕이 수족처럼 부리기가 어려웠거든요. 그래서 자비대령화원제도를 두어 왕실이나 국정 전반에 필요한 그림을 그리게 하고, 왕이 꼭 필요한 그림은 김홍도로 하여금 자유롭게 그릴 수 있도록 배려한 겁니다. 왕이 김홍도를 얼마나 아끼고 위했는지 알 수 있죠.

이런 무한한 신뢰와 애정이 뒷받침되었기에 마음껏 작품 활동을 할 수 있었지 않나 싶어요. 〈서당〉, 〈씨름〉, 〈빨래터〉 등 순간 포착은 기가 막히게 했잖습니까. 〈송하맹호도〉를 보면 호랑이 터럭 하나하나까지 살아 숨 쉬고 있다는 느낌이 들 정도예요. 그 순간을 한 컷의 역동적인 그림으로 잡아내기 위해 아마도 김홍도는 무서운 집중력으로 몇 날 며칠이고 잠복근무를 했겠죠. 또 시장에서 돌아오는 사람을 그린 〈부상도〉에는 오늘날 서울 성곽길이라 부르는 한성 도성길이 배경으로 나옵니다. 태조 때 처음 세워진 한성 도성은 세종, 숙종 때 증축되는데, 이 때 쓰인 돌의 모양이 어떻게 변화했는지 그림에 나타나기 때문에 사료적 가치도 있습니다.

화가로서의 정치적 행보

이정민 김홍도는 지방 현감으로 파견된 적이 있다면서요?

신병주 김홍도의 신분이 중인임을 감안한다면 파격적인 특채에 해당합니다. 어진도 잘 그리고 자신이 맡긴 임무도 흡족하게 완수하니 정조가 김홍도에게 상을 주고 싶었겠죠. 1781년에 안기 찰방직을 하사합니다. 찰방(察訪)은 역참을 관리하는 벼슬로, 그림 그리던 김홍도가 경상도 안동 지역의 역장이 된 거죠. 또 1791년에는 연풍현감으로 부임하는데, 연풍(지금의 충청북도 괴산)은 부임할 때도 울며가고 퇴임할 때도 울며 나온다는 말이 있을 정도로 험한 지역이었어요. 처음에는 두메산골이라 가는 길이 힘들어서 울고, 나중에는 경치가 좋은 곳을 떠나기가 아쉬워서 울며 나온다는 거예요. 현감은 지금의 군수나 시장에 해당하니까 화원 출신으로서는 상당히 이례적인 인사였지요.

이정민 다비드는 혁명 화가라고도 불렸을 정도이니 얼마나 깊이 정치에 참여했을까 싶은데요.

이원복 궁정 화가로 있으면서 반귀족적인 화풍을 선구적으로 이끌었고, 혁명적 이념 성향을 가졌다는 점에서 다분히 정치적이었어요. 혁명이 일어나자 자신이 모신 왕을 죽이는 데 찬성표를 던지는 것조차 서슴지 않고 과격하게 정치적 행로를 바꾸죠. 공포정치의 독재자 셋과 교류하다가 그들의 정권이 무너지자 투옥되었지만 구사일생으로 풀려나기도 했고요. 그러고는 다시 황제 나폴레옹의 화가가 되었어요. 사실 청년 장군 시절의 나폴레옹은 궁정 화가인 다비드에게 초상화 의뢰를 했다가 거절당한 적이 있어요. 그러나 나폴레옹이 황제가 된 뒤 그의 정치적 이미지를 쇄신하기 위해 과대 포장과 인위적 설정을 그림에 과감하게 녹여낸 장본인도 바로 다비드죠.

어찌 보면 당시로서는 나폴레옹 하면 곧 혁명이었기 때문에 이와 같은 다비드의 선택이 당연한 것인지도 모르겠습니다. 물론 나폴레옹은 자신의 야심을 실현하기 위해 '자유·평등·박애'라는 혁명 정신을 세계 정복의 근거로 이용하기는 했지만, 이 혁명 정신과 민족주의를 퍼뜨리는 데 나폴레옹이 공헌한 것은 사실이니까요. 나폴레옹에게 동조한 것은 분명 다비드에게는 자연스러워 보입니다. 하지만 나폴레옹이 몰락했을 땐 다비드도 함께 몰락의 길을 걸을 수밖에 없었습니다. 궁정 화가에서 혁명 화가를 거쳐 황제의 화가를 지낸 자크 루이 다비드는 격변하는 프랑스 정치 흐름에 편승한 인물이자 피해자라고 볼 수 있습니다.

이정민 다비드는 단 한 번도 감투를 쓰거나 직책을 가진 적 없이 오직 화가로만 살았는데, 오히려 처음부터 끝까지 늘 정치적이었다는 게 흥미롭네요. 정치인 김홍도에 대한 평가는 어땠나요?

신병주 1791년에 부임해서 1795년까지 현감으로 지냈는데, 이 시절에 대한 평가는 긍정적이지 않습니다. 《일성록》에 "다년간 벼슬에 있으면서 하나도 잘한 행적이 없으며, 관청의 우두머리 된 몸으로 중매나 하고"라고 나와요. "중매나"라니요, 중매를 잘해서 혼인을 성사시켰다면 사실 상을 줘야 하는 것 아닙니까.(웃음) 오늘날 우리 사회에서도 낮은 혼인율이 문제가 되고 있지만, 조선 시대에도 혼기 놓친 여자가 많았거든요. 나이 많은 여자를 나라에서 혼인시켜야 한다는 기록이 여기저기에 나옵니다. 인구 증가가 국가의 힘과도 직결되기 때문에 혼인은 중요한 문제였죠. 분명 잘한 일임에도 워낙 업적이 없으니 비난의 대상이 되었죠. 그런가 하면 "하급 관리들에게 위압적으로 호령하며 사냥을 간다고 하면서 온 읍의 군역에 매인 장정을 징발하여 백성들을 잘못 다스렸으니 벌을 줘야 한다"는 주장 등이 나오면서 불명예 퇴임을 합니다. 정식 과거 급제자가 아니라 왕의 특채로 부임한 화원 출신 현감에 대한 불만 세력이 적지 않았던 것 같아요.

격변의 시대를 격렬하게 살아낸 예술가

이정민 이야기를 들어보니 왕의 총애를 받던 최고의 화가였지만, 말년은 그다지 행복하지 않았을 것 같아요.

이원복 나폴레옹이 황제 자리에서 쫓겨난 뒤 루이 16세의 동생인 루이 18세가 왕위에 오릅니다. 루이 16세를 죽이자고 찬성표를 던진 다비드가 화를 면하기 어려웠겠죠. 그래도 온화한 품성의 루이 18세는 다비드를 처형하는 대신 국외로 추방합니다. 하지만 나름 투철한 애국자였던 다비드로서는 프랑스에서 멀리 떨어져 지낼 수 없었는지 조국과 국경을 마주한 벨기에에서 생을 마감합니다.

신병주 정조와 김홍도는 실과 바늘 같았죠. 정조는 김홍도에게 무한한 신뢰를 보내며 가장 중요한 일들을 맡겼고, 김홍도는 자신을 알아주는 군주에게 무한한 헌신으로 역동적인 그림을 그려서 바쳤으니까요. 보물 527호로 지정된 《단원풍속도첩》의 스물다섯 점 그림 속에서 춤추는 무동, 씨름하는 남자, 우물가에서 이야기를 나누는 사람 등 모두가 하나같이 생동감이 넘칩니다.
김홍도를 아끼고 알아주던 정조가 죽자, 예순이 넘은 김홍도도 생계를 위해 그림을 그리는 등 퇴락의 길을 걷습니다. 말년에 아들에게 보낸 편지에는 아들의 학비를 제대로 대주지 못해 힘들어하는 심경과 본인의 병색이 깊어졌다는 내용이 담겨 있습니다. 심지어 이 편지를 마지막으로 김홍도의 행적이 사라지는데, 1805년 즈음해서 사망한 것으로 추정됩니다. 이 무렵 자신의 말년을 그림으로 담아 〈추성부도〉라 이름 붙였는데, 가을이 오는 소리에 바치는 구양수의 시 〈추성부〉를 그림으로 그린 것이죠. 산천초목이 바람에 떨어지고 만물이 시드는 계절인 가을에 자기 노년의 쓸쓸함을 담아 표현한 것으로 보입니다. 그림 가운데에 두 마리 학이 서 있는데, 일부에서는 그 학이 정조와 김홍도 자신을 빗댄 것이라 짐작하기도 합니다.

이정민 두 화가와 동시대에 활동했던 다른 화가들 가운데 그들에게 영향을 받은 화가들로는 누가 있을까요?

이원복 다비드는 많은 제자를 양성했습니다. 그중에서 테오도르 제리코와 장 오귀스트 도미니크 앵그르가 신고전주의 화가로 손꼽힙니다. 이로서 다비드는 신고전주의 화풍을 확실하게 매듭지었다고 할 수 있어요.

신병주 김홍도와 더불어 혜원 신윤복과 긍재 김득신은 조선 후기 3대

풍속화가로 불리죠. 우리가 흔히 조선의 풍속화라고 여기는 그림의 화풍이 바로 이 세 화가, 특히 김홍도에 의해 시작되고 자리를 잡은 것입니다.

이정민 단원 김홍도와 자크 루이 다비드 모두 말년은 쓸쓸했을지 몰라도 사는 동안은 행복했을 것 같아요. 자신의 능력을 알아주는 왕과 황제의 총애를 받아 화가로서 평생 그림을 그릴 수 있었을 뿐 아니라, 살아 있는 동안 이미 당대 최고로 인정받은 예술가니까요. 격변하는 시대를 격렬하게 살아낸 그 두 예술가들 덕분에 오늘날에도 조선 후기 백성의 삶과 프랑스혁명 시대를 생생하게 볼 수 있어 다행입니다.

당대 최고의 명문가

안동 김씨 가문 vs 메디치 가문

한국사		세계사
안동 김씨 가문		**메디치 가문**
	1360	조반니 디 비치 출생
(조선 건국)	1392	
	1429	조반니 디 비치 사망
	1449	로렌초 데 메디치 출생
	1464	코시모 데 메디치 사망
김영 출생	1475	조반니 데 메디치 출생
	1478	메디치 가문, 독재 체제 확립
김번 출생	1479	
	1492	로렌초 데 메디치 사망
	1494	메디치 가문 추방 사보나롤라 지도하에 공화정 수립
(무오사화)	1498	사보나롤라 화형당함
(갑자사화)	1504	
	1513	조반니 데 메디치, 교황 레오 10세로 즉위
(기묘사화)	1519	
	1521	조반니 데 메디치 사망
	1523	줄리오 데 메디치, 교황 클레멘스 7세로 즉위
김영 사망	1528	
김번 사망	1544	
(을사사화)	1545	
김상용 출생	1561	
	1564	(미켈란젤로 사망)
김상헌 출생	1570	
(임진왜란 발발)	1592	
	1600	마리아 데 메디치, 앙리 4세와 혼인
(병자호란 발발)	1636	
김상용 자살	1637	
김상헌 사망	1652	
김수항 사망	1689	
김수흥 사망	1690	
김수증 사망	1701	
정선, 〈청풍계도〉 그림	1739	
	1743	안나 마리아 루이자 데 메디치 사망
정선 사망	1759	

14~16세기 유럽은 르네상스 시대를 맞아 문화, 예술 분야는 물론 사회 모든 분야에서 전성기를 맞이합니다. 그런데 르네상스 시대를 연 특별한 주인공은 수많은 예술가를 발굴하고 후원한 이탈리아 피렌체의 메디치 가문입니다. 그리고 그와 비슷한 시기 조선에는 정선을 비롯해 수많은 예술가를 후원했던 당대 최고의 명문 안동 김씨 가문이 있었습니다. 조선과 이탈리아를 대표하는 안동 김씨 가문과 메디치 가문을 만나보겠습니다.

마이케나스의 전통을 잇다

이정민 흔히 '안동 김씨' 하면 조선 시대의 세도정치부터 떠올릴 텐데요. 이번에 이야기할 안동 김씨 가문이 바로 그 가문인가요?

신병주 맞습니다. 보통 안동 김씨를 부정적으로 인식하는 경우가 많습니다. 19세기에 60년 동안이나 모든 권력을 움켜쥐고 백성들의 삶을 피폐하게 만든 장본인이었기 때문이죠. 하지만 17, 18세기의 안동 김씨 가문은 학식이 뛰어난 인물을 연이어 배출했을 뿐 아니라, 북악산과 인왕산 사이에 위치한 청운동 인근에 거처를 정하고 겸재 정선 같은 예술가를 후원했고, 인왕산을 중심으로 일어난 중인들의 시사(詩社) 활동도 지원했습니다. 조선 후기의 문학과 문화 운동의 수준을 한층 높였다는 점에서 19세기의 안동 김씨 가문과는 그 의미가 다르다고 할 수 있지요.

안동 김씨 가문은 지방에 낙향해서 기반을 다진 유력한 사족(士族)이었습니다. 16세기 초반에 문과 시험에 합격한 김영과 김번이 서울에 와 장의동에 터전을 잡으면서 가문의 역사가 본격적으로 시작되죠. 서울 종로구에 있는 청운초등학교 뒤편을 오르다 보면 지금은 복개되었지만, 계곡이 있던 흔적이 있습니다. 이 일대가 과거에 청풍계(淸風溪)로 불리던 곳으로, 이곳에서 김상용을 비롯한 안동 김씨들이 대대손손 이름을 날렸습니다.

이정민 시대가 변하면서 안동 김씨 가문도 많이 달라졌네요. 메디치 가문은 어떤 가문인가요?

이원복 이탈리아 피렌체의 메디치 가문도 르네상스를 이끌었습니다. 원래는 약방과 포목상을 하던 집안이었어요. 약이라는 의미의 메디신(medicine)이란 단어도 메디치(Medici)에서 유래했죠. 그래선지 메디치 가문의 문장(紋章)에 알약 여섯 개가 그려져 있어요. 그러다 선조인 코시모가 금융업으로 집안을 일으켜 큰 부자가 되면서 이탈리아 은행의 대부가 됩니다. 그 많은 돈을 문학과 예술과 건축에 아낌없이 쏟아부었습니다. 문예부흥 르네상스의 중추를 마련한 가문인 거죠.

이정민 그런데 왜 유독 이탈리아에서 예술을 후원하는 명문가가 나타났을까요?

이원복 당시 이탈리아는 교황청과 지방 도시 세력 사이의 경쟁이 극심했어요. 밀라노의 스포르차 가문과 비스콘티 가문, 페라라의 에스테 가문, 만토바의 곤차가 가문 등과 교황청이 서로 부와 명예를 다투며 경쟁을 벌였기 때문에 예술가를 끌어들이기 위해서라면 돈을 아끼지 않고 후원하게 된 것입니다. 그중에서 가장 대표적인 가문이 피렌체의 메디치 가문이었고요.

로마 제국의 초대 황제 아우구스투스에게는 가이우스 마이케나스라는 친구가 있었는데, 마이케나스가 베르길리우스나 호라티우스 같은 문인들을 포함해 당대 예술가들을 후원했어요. 오늘날에도 기업이나 돈이 많은 개인이 조건 없이 문화, 예술에 적극 지원하는 활동을 두고 메세나(mecenat)라고 표현하는데요, 마이케나스(Maecenas)에서 유래한 프랑스어입니다. 스폰서는 상업적인 목적으로 운동선수나 예술가를 지원하지만 메세나는 아무런 목적 없이 순수하게 오직 문화와 예술의 발전을 위해 후원합니다. 이런 전통이 로마 제국에서부터 시작되어 르네상스 시대에 절정을 이루었고 지금까지 이어지고 있는 것입니다.

두 가문이 배출한 명망가들

이정민 두 가문을 대표하는 인물로는 누가 있었나요?

신병주 17, 18세기 안동 김씨 가문을 두고 '장동 김씨'라고도 불렀어요. 지방에 살던 안동 김씨들이 한양에 와서 터를 잡은 곳이 장의동(지금의 청운동)이었거든요. 장의동에 사는 안동 김씨라고 부르기에는 너무 기니까, 줄여서 장동 김씨가 되었죠. 가문을 대표하는 인물로는 김상용, 김상헌 형제를 들 수 있습니다. 형 김상용은 1636년 병자호란 당시 강화성을 지키다가 함락되자 스스로 화약을 껴안고 자살을 해서 이후 충절의 아이콘이 됩니다. 척화파 대신 김상헌 역시 남한산성이 포위되고 청에 항복하는 과정에서 마지막까지 항복을 반대하며 척화론을 주장하다 청의 심양으로 끌려갑니다. 그곳에서도 뜻을 굽히지 않았다고 합니다.

또한 이들 형제는 단순히 충절심만 높았던 것이 아니라, 학문적 명망도 대단했어요. 그 명망은 후대까지 이어지는데, 정조의 언행을 기록한 《일득록》에서 이렇게 언급된 바 있습니다. "김상헌의 학문과 절개는 우리나라뿐 아니라 청의 사람들도 공경했으니, 문장은 오히려 부차적이다. 형제의 절개는 고금에 견줄 만한 사람이 없다. 김수항은 할아버지 김상헌에게 부끄럽지 않았고, 김수흥은 동생 김수항에게 부끄럽지 않았다. 김창집은 충절을 다했고, 김창협과 김창흡은 학문과 문장으로 뛰어났으며, 김창업·김창즙·김창립이 모두 명성을 날렸으니 참으로 드문 명문가이다." 김상헌의 손자 김수항의 여섯 아들(김창집·김창협·김창흡·김창업·김창즙·김창립)은 '육창'이라 불리며 학문과 문장의 상징처럼 여겨졌고, 조선 후기를 대표하는 명망가로 이름을 날렸습니다. 조선 시대의 명문가란 계속해서 관직에 진출한 인물들을 기반으로 학문이나 문장에서 이름을 떨친 가문을 일컫는데, 안동 김씨가 딱 맞아떨어지죠.

이원복 메디치 가문은 그 전부터 존재했지만, 조반니 디 비치 이후로 두드러지게 부흥하기 시작합니다. 그의 아들 코시모 데 메디치는 피렌체의 국부로 불릴 정도로 상업적인 성공을 거둔 뒤 장관까지 지냈습니다. 코시모의 아들 로렌초 데 메디치는 '위대한 자'라는 의미에서 '일 마니피코(Il Magnifico)'라 불리는가 하면, 1469년부터 1492년까지 23년간 피렌체의 정관계를 쥐락펴락하며 막후 실세로 군림했어요. 뛰어난 외교술로 북부 이탈리아 국가들과 평화롭게 지낸 덕분에 피렌체 시민들의 호응을 받아, 독재에 가까운 체제를 20여 년 동안 성공적으로 이끈 인물입니다. 산드로 보티첼리, 레오나르도 다 빈치, 미켈란젤로 부오나로티 모두 로렌초의 후원을 받은 예술가들이니, 위대한 로렌초는 심지어 후원한 예술가들마저 위대했습니다.
위대한 로렌초 이후로도 대대손손 권력자를 배출합니다. 당시로서는 절대 권력과도 같았던 교황을 무려 셋이나 탄생시켰으니까요. 위대한 로렌초의 아들 조반니는 교황 레오 10세, 로렌초의 동생 줄리아노의 아들인 줄리오는 교황 클레멘스 7세, 레오 10세의 친척인 알렉산드로는 교황 레오 11세가 됩니다. 또한 카타리나 데 메디치는 앙리 2세와, 마리아 데 메디치는 앙리 4세와 결혼하면서 프랑스 왕비도 2명이나 배출합니다. 특히 카타리나는 이탈리아의 르네상스를 프랑스로 가져갑니다. 프랑스는 당시까지만 하더라도 포크를 사용하지 않았다고 하죠. 카타리나가 데려간 요리사가 다양한 음식을 전파했고, 카타리나의 에티켓을 통해 프랑스인의 식탁이 달라지기 시작했어요. 또한 이탈리아 궁중 연회에서 유래한 발레도 카타리나가 프랑스 궁전에 소개한 것이라고 하니, 메디치 가문의 여인이 가져간 피렌체의 문화가 프랑스의 르네상스를 꽃피운 것입니다.

왜 예술가를 후원했나?

이정민 성리학이 강하게 작용했던 조선 시대에 양반 가문에서 예술가를 후원했다는 게 좀 의아합니다.

신병주 사대부들이 추구해야 할 가치 중에는 '학예일치'라는 덕목이 있었어요. 학문과 예술의 경지를 일치시킨 자를 이상적인 선비로 여겼죠. 그림에 재주가 없는 양반들은 그림을 잘 그리는 사람을 지원하는 것으로 '학예일치'를 실현하고자 했던 거예요. 겸재 정선은 화원은 아니었지만 몰락한 양반 출신이었기 때문에 지원이 절실했을 겁니다. 예술가를 후원하는 장동 김씨가 자리를 잡은 인왕산 일대에 시인이나 화가 또는 역관 출신의 중인이 몰려들었어요. 서로 작품을 견주거나 사조 등을 논하며 재능이나 식견, 심미안을 나눴던 것 같아요. 김홍도가 그린 〈그림 감상〉을 보면 당시 지식인들 사이에서 시나 서화를 수집하고 감상하는 풍조가 유행했음을 알 수 있어요.

이원복 이탈리아는 앞에서 이야기한 것처럼 내로라하는 가문들 사이의 경쟁이 워낙 치열하다 보니 과시하고자 하는 욕구도 컸던 것 같아요. 게다가 르네상스가 한창 물오르고 있었으니 그 과시욕이 예술로 집중이 되지 않았겠어요? 다른 가문에서 집을 멋지게 지었다고 하면, 그보다 더 멋진 집을 짓고 싶었겠죠. 하지만 건축으로는 한계가 있으니 미켈란젤로나 다 빈치 같은 예술가를 초빙한 겁니다. 유럽 전역에 은행 지점을 둔 메디치 가문이니 돈이야 얼마든지 내놓을 수 있었으니까요.

200여 년 동안 우리가 상상조차 할 수 없을 정도로 막대한 부를 누린 메디치 가문은 1700년대 중반에 이르러 그 정통성이 거의 끊어집니다. 도시 국가 자체가 약화되는 시대였기 때문에 도시 국가를 좌지우지하던 가문들도 힘을 잃어가고 있었어요. 메디치 가문의 마지막 직계 후손인 안나 마리아 루이자 데 메디치는 자신이 상속받은 메디치 가문의 방대한 소장품을 피렌체에 기증합니다. 단 한 점도 피렌체 밖으로 반출하지 않는다는 조건으로 말이죠. 그 예술품으로 만든 곳이 피렌체의 볼거리 1위인 우피치 미술관입니다. 보티첼리의 〈비너스의 탄생〉,

다 빈치의 〈수태고지〉, 미켈란젤로의 〈성가족〉, 라파엘로의 〈검은 방울새의 성모〉, 티치아노의 〈우르비노의 비너스〉, 카라바조의 〈바커스〉 등이 다 여기에 모여 있으니 르네상스 시대의 작품을 소장한, 세계에서 제일가는 미술관이죠.

이정민 메디치 가문의 재력이 그만큼 대단했다는 것이겠죠. 그렇다면 안동 김씨 가문의 재력은 어땠나요?

신병주 조선에서 예술가를 후원하는 방식은 이탈리아보다는 소박했습니다. 그림 그리는 데 필요한 종이와 붓, 먹 정도를 지원한 거죠. 김상헌이 좌의정을 지냈고, 김수항과 김창집은 영의정을 지내는 등 대대로 정승 집안이었기 때문에 일정 수준 이상의 경제력은 갖추고 있었을 겁니다. 뜻만 있다면 예술가 몇 명 지원할 능력은 충분했을 테지요. 화원이나 화가, 시인의 입장에서도 지원금의 경제적 규모를 떠나, 자신의 능력을 인정받은 셈이니 명문가에게 지원을 받고 있다는 사실 자체만으로 명예로운 일이었죠. 경제적, 정치적, 정신적 지원을 통해 예술가들이 예술 활동에 전념할 수 있었기 때문에 정선이 그토록 뛰어난 예술 작품을 남길 수 있었겠죠.

예술가의 답례: 〈청풍계도〉 vs 로렌초의 무덤 양식

이정민 두 가문에서 후원한 대표적인 예술가로는 누가 있을까요?

신병주 안동 김씨 가문에서 후원한 예술가로는 단연 겸재 정선이 손꼽힙니다. 김창협과 김창업 형제가 숙종과 영조 시대에 활동하면서 백악사단을 이끌었어요. 백악산(지금의 북악산)과 인왕산 사이에 위치한 데서 나온 이름입니다. 이곳에서 겸재 정선을 비롯해 관아재 조영석, 사천 이병연 같은 시인이나 화가 등 많은 예술가를 후원했습니다. 경제적인 후원은 물론, 서로의 재능을 견주고 또 예술적 영감을 나눌 수 있는 장을 마련했다는 점에서 의미가 큽니다.

대표작 〈청풍계도〉에서 겸재 정선은 김상용이 지낸 청풍계를 자신의 모든 능력을 발휘해 여러 폭에 담아냄으로써 자신을 후원한 명문가에 보답하고자 했던 것 같습니다. 그림에도 등장하는 와유암은 지금도 그 흔적이 있습니다. 와유암에는 김상용이 주자의 글씨를 모아 물가 바위에 새겼다는 '대명일월 백세청풍(大明日月 百世淸風)' 여덟 글자 가운데 '百世淸風' 네 글자가 남아 있죠. 이외에도 배화여고 뒤편의 '필운대'나, 안평대군의 별장이 있었던 수성동 계곡, 중인들이 시사를 조직한 송석원(松石園) 등 서촌 곳곳에 정선 그림의 흔적이 남아 있습니다. 시간을 내서 한번 둘러보면 좋은 추억이 될 겁니다.

이원복 메디치 가문에서 후원한 예술가는 수도 없이 많지만, 대표적으로 〈다비드〉, 〈피에타〉, 〈천지창조〉 등으로 유명한 천재 화가 미켈란젤로 부오나로티를 꼽을 수 있습니다. 로렌초가 미켈란젤로를 너무 아낀 나머지 그를 자신의 집에 살게 하고 늘 점심을 함께했다는 이야기도 있어요. 메디치 가문을 통해 이름을 떨친 미켈란젤로가 로마 교황의 부름을 받아 피렌체를 떠나죠. 나중에 로렌초가 죽자 〈청풍계도〉를 그린 정선처럼 답례를 하고 싶었던지 로렌초의 무덤 장식을 대리석으로 화려하게 조각했습니다. 지금도 피렌체에 가면 볼 수 있어요.

흔히 두오모라고 불리는 '꽃의 성모 마리아'라는 의미의 산타 마리아 델 피오레 성당의 돔을 설계하고 건축한 브루넬리스키, 보티첼리, 레오나르도 다 빈치, 단테와 마키아벨리 등 르네상스를 대표하는 예술가와 문호 중에서 메디치 가문의 빵을 먹지 않은 사람이 없을 정도예요.

신병주 조선의 진경산수도 비슷한 측면이 있어요. 김상헌의 손자 김수증은 강원도 화천으로 들어가 농사를 지었는데, 화천의 경치가 너무 좋은 겁니다. 이에 화천에서 경치가 뛰어난 아홉 곳을 정해 평양 출신의 화가 조세걸에게 그리게 하고, 〈곡운구곡도〉라 이름 붙였죠. 주자가 자신의 거처의 아름다운 풍광을 두고 〈무이구곡〉이란 시를 지은 뒤부터 유학자들 사이에서는 9곡을 꼽는 것이 하나의 유행과도 같았어요. 율곡 이이의 〈고산구곡가〉나 퇴계 이황의 〈도산십이곡〉을 보아도 알 수 있죠.

김수증은 조세걸과 함께 일일이 계곡을 답사하면서 어떤 것을 그릴지 궁리하고, 거울에 반사된 듯 사실적으로 그리게 했어요. 중국 산수화를 모방하던 당시 화풍에서 벗어나 우리의 자연과 백성들의 모습, 닭이나 소, 개 등을 눈에 보이는 현실 그대로 그리게 한 것이죠. 이처럼 정선의 진경산수 화법은 이미 안동 김씨 가문의 김수증에 의해서 먼저 시작되고 있었습니다. 훗날 진경산수의 정수라 불리게 된 정선의 〈해악전신첩〉도 김창흡 등과 함께 금강산을 여행하면서 그린 것이거든요. 진경산수는 어쩌면 안동 김씨 가문과 겸재 정선의 합작품이라고 볼 수 있을지도 모르겠습니다.

이정민 안동 김씨 외에도 조선 시대에 예술가를 사랑했던 가문이나 인물이 있었나요?

신병주 왕실 인물 중에서는 단연 안평대군이 유명하죠. 자신의 꿈 이야기를 전하며 당시 대표 화원인 안견에게 〈몽유도원도〉를 그리게 했어요. 정조도 김홍도에게 지원을 아끼지 않았잖아요. 그 덕분에 조선 후기를 대표하는 작품들이 김홍도의 손에서 나올 수 있었고요.

이정민 안동 김씨 가문이나 메디치 가문처럼 순수하게 후견인 역할을 자처한 사람들도 있지만, 다른 목적을 가진 사람들도 많았다면서요?

신병주 인기를 끄는 작품의 가짓수가 늘어나자 가짜 작품들이 생기기 시작합니다. 신윤복의 춘화들은 지금도 진위 여부를 두고 의견이 분분하잖아요. 당시에도 이미 예술 작품을 축재의 수단으로 여긴 사람들이 있었던 것이죠. 다음과 같은 기록도 있으니까요. 어느 날 새벽에 친한 역관이 정선에게 부채 하나를 선물하면서, 연경으로 가기 전에 고별하러 왔다고 말합니다. 아쉬운 마음에 정선은 부채에 아침의 맑은 기운을 담아 바다 위에 떠 있는 작은 배 한 척을 그려주었죠. 이 역관이 연경 가게에서 그 부채를 다른 물건과 바꿔 팔아 차익을 크게 남겼다고 해요. 이런 소문이 퍼지자, 역관들 사이에서는 정선의 그림이 돈으로 여겨졌다고 합니다.

이원복 유럽에서도 사고팔기는 했지만, 르네상스 시대에는 예술품이 지니는 의미가 남달랐던 것 같습니다. 유명한 가문들이 권력과 부를 과시하는 수단이기도 했지만, 그 안에는 이전과 달라지고자 했던 르네상스의 시대정신이 분명 들어 있거든요. 건물 하나를 보더라도, 고딕 양식에서는 조금이라도 신에게 더 가까이 가려고 하늘 높이 치솟아 있잖아요. 이에 반해 고대 그리스와 로마의 인간중심주의로 돌아가고자 한 르네상스 시대에는 작고 아담하고 실용적인 건물을 지었죠. 피렌체에는 고층 건물이 없어요. 또 이전까지는 터부시되었던 인간의 몸을 본격적으로 다루면서 누드화를 그리기 시작했습니다.

이정민 보통 예술가라는 단어 앞에는 '가난한' 혹은 '배고픈'이란 말이 꼬리표처럼 따라다니곤 합니다. 특히 순수 예술을 지향하는 화가나 시인, 소설가, 음악가 들은 그 능력을 인정받기 전까지 입에 풀칠하기도 어려워서 도중에 포기하는 경우가 많다고들 하죠. 이럴 때 과거 안동 김씨 가문과 피렌체의 메디치 가문이 그랬던 것처럼, 더 많은 부자가 노블레스 오블리주를 실천한다면, 그래서 돈과 권력이 문화와 예술을 후원하는 방향으로 쓰인다면 제2, 제3의 르네상스 시대도 가능하지 않을까요?

역사를 바꾼 총성

안중근 vs 가브릴로 프린치프

한국사		세계사
	1867	(오스트리아-헝가리 제국 건립)
(강화도 조약)	1876	
안중근, 황해도 해주에서 출생	1879	
(조미수호통상조약 조인)	1882	(독일, 오스트리아, 이탈리아 삼국동맹 성립)
(임오군란 일어남)		
(갑신정변)	1884	
(동학농민혁명)	1894	**가브릴로 프린치프,** 보스니아 사라예보에서 출생
(청일전쟁)		(드레퓌스 사건)
가톨릭에 입교해 '도마'라는 세례명을 받음	1895	
(을미사변)		
(시모노세키 조약 체결)		
(고종 황제, 대한제국 선포)	1897	
(러일전쟁 발발)	1904	
(을사조약)	1905	(러시아, '피의 일요일' 사건 일어남)
삼흥학교 설립하고 돈의학교 인수	1906	
연해주로 넘어가 의병이 됨	1907	
(국채보상운동 전개)		
(고종, 국제평화회의에 헤이그특사 파견)		
	1908	(보스니아, 오스트리아-헝가리 제국으로 합병)
동의단지회 결성	1909	
하얼빈 역에서 이토 히로부미 저격		
2월 7일부터 14일까지 재판을 통해 사형 선고	1910	
3월 뤼순 감옥에서 순국		
(일본, 한국을 강제 병합)		
	1912	(1차 발칸전쟁 발발)
	1914	오스트리와 황태자 부부를 저격
		(사라예보 사건)
		(오스트리아, 세르비아에 선전 포고)
		(1차 세계대전 발발)
	1918	**폐결핵으로 사망**

1910년 3월 26일, 도마 안중근은 순국하기 직전에 이런 유언을 남깁니다. "내가 죽거든 하얼빈 공원 곁에 묻어두었다가 조국의 국권이 회복되면 고국으로 옮겨 장사 지내다오. 나는 천국에 가서도 마땅히 나라의 독립을 위해 힘쓸 것이다. 너희도 돌아가서 동포들에게 모든 국민 된 의무를 다하고 힘을 다해 독립을 이루라고 전해다오. 대한 독립의 소리가 천국에 들려오면 나는 마땅히 춤을 추며 만세를 부를 것이다." 그리고 8년 뒤 1918년 4월에는 보스니아의 독립을 위해 오스트리아의 왕세자 부부를 죽인 가브릴로 프린치프라는 열아홉 살 청년이 옥중에서 폐결핵으로 세상을 떠납니다. 조국의 독립을 위해 세상을 향해 총성을 울린 두 사람, 도마 안중근과 가브릴로 프린치프를 만나보겠습니다.

하얼빈과 사라예보에 울린 총성

이정민 2015년 안중근 의사의 순국 105주기를 맞아 추모 행사도 관련 공연도 많았습니다. 하지만 광복 70주년이 지났지만 안중근 의사의 유해가 아직도 조국 땅을 밟지 못하고 있습니다.

신병주 안중근은 대한민국 국민이라면 모르는 사람이 없을 것입니다. 일제 침략에 맞서 대한제국의 기상을 널리 알리고, 대한제국이 건재함을 보여주었죠. 안중근이 하얼빈 역에서 이토 히로부미를 사살한 것은 한국이 강제병합되기 1년 전인 1909년 10월 26일이었으니까요. 이토 히로부미를 조선 침략의 원흉이자 동양 평화의 파괴자로 인식해 거사를 일으키죠. 안중근의 총성이 우리 민족의 자존심을 지켜줬고, 이후의 독립운동에도 중요한 영향을 미쳤다는 점에서 이분을 기억하지 않을 수가 없죠.

이정민 보스니아의 가브릴로 프린치프가 안중근 의사와 꼭 닮았다고 하던데요. 어떤 인물인가요?

이원복 1차 세계대전을 일으킨 '사라예보의 총성'에 대해서 한 번쯤은 다들 들어보았을 겁니다. 1914년 6월 28일 보스니아의 수도 사라예보를 방문한 오스트리아-헝가리 제국의 프란츠 페르디난트 황태자 부부가 저격당한 사건인데요. 이 사건의 주인공이 열아홉 살 청년 가브릴로 프린치프입니다. 보스니아계와 세르비아계 슬라브족으로 구성된 나라인 보스니아는 세르비아와 합병되기를 바랐지만, 1908년 오스트리아-헝가리 제국으로 합병됩니다. 이는 세르비아계 보스니아 주민들의 민족주의를 자극했고, 1910년 이후부터 '젊은 보스니아', '검은 손' 등의 범슬라브주의 비밀결사가 활동을 시작했어요.

'검은 손'의 일원이었던 프린치프가 오스트리아-헝가리 제국의 황태자 부부를 저격함으로써 세계의 운명이 달라집니다. 카이사르가 암살된 사건은 로마 제국을, 링컨이 암살된 사건은 미국을 뒤바꾼 것으로 유명하죠. 그런데 프린치프는 세계를 뒤바꿨어요. 부풀어 오를 대로 부푼 유럽의 제국주의라는 풍선에 바늘을 갖다 댄 셈이죠. '사라예보의 총성'으로 1차 세계대전이 발발했고, 이 전쟁은 인류의 역사를 바꾸었습니다.

역사를 바꾼 사건의 주인공이 되기까지

이정민 잃어버린 나라를 되찾기 위해, 그리고 제국주의에 맞서 총성을 울린 의인이라는 점에서 꼭 닮았네요. 이 두 사람의 어린 시절은 어땠나요?

신병주 안중근은 1879년생으로 하얼빈에서 총성이 울렸을 때 서른한 살이었으니 가브릴로 프린치프보다는 원숙했네요. 황해도 해주의 부유한 집안에서 태어났어요. 안중근의 할아버지 안인수는 도내에서 이름난 자산가였고, 아버지 안태훈은 어려서부터 이름을 알린 수재였어요. 당시엔 개화운동에 적극적인 지식인 집안이었지만 과거에는 무인 집안이었죠. 그래서인지 기록에 따르면 안중근은 어릴 때부터 사냥을 좋아했고, 나는 새를 쏘아 맞출 정도로 총 솜씨가 뛰어났다고 해요. 하루는 친구가 글공부를 열심히 하지 않는다고 질책을 하자, 항우 같은 난세의 영웅이 되고 싶다면서 기본적인 글공부는 어느 정도 자신이 있다고 답했다는 기록도 전합니다.

또한 천주교는 안중근의 삶에 상당한 영향을 미쳤습니다. 당시 프랑스인 선교사가 조선에 많이 들어와 있었는데, 그들이 학교를 세워 신문화와 신지식을 많이 전파했죠. 안중근을 흔히 도마 안중근이라고 부르곤 하는데, '도마'는 천주교 세례명 '토마스'의 우리식 표기입니다. 참고로 어릴 때 이름은 등에 검은 점 일곱 개가 있어서 북두칠성의 기운에 응했다는 의미로 응칠(膺七)이었어요. 크고 나서 무겁게 생각하고 무겁게 행동하라는 의미에서 중근(重根)으로 개명했다고 합니다.

1905년 을사조약이 체결되자 안중근은 중국 상하이로 넘어가 한인들과 국권 회복 운동을 펼칩니다. 청일전쟁 이후 일제가 조선 침략 의도를 노골화하자 안중근은 계속 국제 정세를 살펴왔어요. 그런데 1906년 아버지가 사망하자 귀국해 국내에서 계몽 운동을 전개합니다. 운영하던 가게를 팔아 학교를 세우고 인재 양성에 힘을 쏟지요. 하지만 상황이 점점 악화되자, 연해주로 건너가 의병 부대에서 독립 전쟁을 준비합니다.

이원복 가브릴로 프린치프는 1894년에 사라예보 서쪽의 작은 마을인 오블라이에서 가난한 집안의 아홉 남매 중 일곱째로 태어났어요. 초등학교를 졸업하고 큰 도시에서 견문을 넓히기 위해 형이 살고 있는 수도 사라예보로 갑니다. 그곳에서 지내던 어느 날 같은 하숙집에 사는 친구를 따라 비밀 모임에 가게 되죠. 나라가 외세의 침략을 받아 백성들이 억압 받는 시기엔 젊은 우국지사들이 성향에 따라 한데 모이기 마련입니다. 또 그 안에서 서로 자극을 주고받으며 저마다의 민족주의 성향을 더욱 키워나가고요. 비밀 단체에 드나들던 프린치프는 평화적인 방법으로는 가망이 없다고 생각하기 시작했습니다. 약소민족이 평화를 구걸해봐야 강대국은 눈 하나 깜짝하지 않을 것이기에 무력 투쟁으로 나아가야 한다고요. 폐결핵을 앓고 있었던 탓에 군 입대를 거절당하자 열일곱 살 프린치프는 '검은 손'이라는 무력투쟁 비밀 단체에 가담했고, 거기서 2년 정도 활동하다가 인류 역사를 바꾼 사건의 주인공이 되었습니다.

그들이 총을 쏴야했던 이유

이정민 안중근 의사는 이토 히로부미를, 가브릴로 프린치프는 오스트리아-헝가리 제국의 왕세자 부부를 저격할 수밖에 없었던 당시 조선과 보스니아의 상황을 정리해볼까요?

신병주 당시를 조선으로 알고 있는 경우가 많지만 사실 대한제국이 정확한 표현입니다. 1897년 고종이 황제가 되어 대한제국을 선포한 뒤부터 1910년 일제가 강제로 점령하기 전까지를 대한제국이라 합니다. 청과 일본뿐 아니라 러시아 등 서양 열강의 간섭에서 벗어나 자주국의 위상을 드높이려고 고종이 대한제국을 선포한 것이에요. 하지만 청일전쟁에서 승리한 일본이 조선에 대한 지배권을 이미 확보한 데다가, 그나마 일본을 견제해오던 러시아마저 러일전쟁에서 일본에 지는 바람에 대한제국은 위축될 수밖에 없었죠. 일본은 1905년 을사조약을 체결하고 대한제국의 외교권을 박탈합니다. 조약은 상호 합의하에 이루어지는 것이기 때문에 '을사조약' 대신 '을사늑약'으로 표현하자는 학계의 목소리도 있습니다. 이때부터 이완용을 비롯해 소위 '을사오적'이라 불리는 친일파 세력이 두드러지기 시작하죠. 앞장서서 서명한 사람들 때문에 을사조약은 단순한 외교권 박탈이 아닌, 대한제국을 강제병합하는 발판으로 작용합니다. 을사조약이 체결되고 대한제국을 감시하고 통제하기 위한 통감부가 설치되자, 일제의 침략 의도를 간파한 안중근 의사가 초대 통감으로 부임한 이토 히로부미의 암살 계획을 세운 겁니다.

이원복 보스니아가 속한 발칸 반도는 '유럽의 화약고'라 불릴 정도로 민족과 종교가 복잡하게 얽힌 지역입니다. 민족 구성만 보더라도 그리스에는 헬라, 루마니아에는 라틴, 불가리아에는 슬라브와 불가르족 등 매우 다양합니다. 또한 유럽 대륙의 남쪽이자 지중해 서쪽에 위치한 발칸 반도는 유럽과 아시아가 만나는 지점이기 때문에 아주 오래전부터 이곳을 지나지 않은 제국이 없을 정도에요. 마케도니아의 알렉산드로스 대왕을 시작으로 로

마와 비잔틴, 오스만 제국 등이 눈독을 들이고 지배한 곳이죠. 오스만 제국의 영토로 묶여 있다가 19세기에 들어 터키가 러시아에 패하자 민족주의 바람과 더불어 모든 나라가 각자 찢어집니다. 그리스, 불가리아, 마케도니아, 세르비아, 보스니아, 크로아티아 등이 그때 형성되었죠. 그중에서도 세르비아는 슬라브족으로서의 자부심이 강한 나라다 보니 오스트리아나 그리스, 불가리아 등 주변 국가들과 충돌이 잦았어요. 보스니아는 세르비아와 합쳐지기를 바랐고, 각 나라의 슬라브족 민족주의자들 역시 범슬라브 국가를 꿈꾸면서 범슬라브주의를 키워나가고 있는데, 오스트리아-헝가리 제국이 멋대로 자신들의 나라로 귀속시킨 거죠. 이에 격분한 민족주의자들이 침략자인 오스트리아-헝가리 제국을 응징하기로 결심했고요. 오스트리아의 황태자 부부는 제국의 영토로 편입된 보스니아의 수도 사라예보를 시찰하러 왔다가 저격당한 겁니다.

역사를 뒤흔든 암살, 어떻게 성공했나?

이정민 오스트리아의 황태자 부부는 물론이고 통감인 이토 히로부미도 워낙에 거물급 인사였기 때문에 한번 움직이면 주변 경비가 삼엄했을 텐데 어떻게 거사를 성공시킬 수 있었나요?

신병주 일본은 한반도뿐 아니라 만주 지역에까지 세력을 넓히려 했고, 이를 위해 이토 히로부미가 만주에 있는 하얼빈으로 순방을 나온 겁니다. 이 지역은 중국 땅이지만 러시아의 관할하에 있었기 때문에 러시아 군대가 경비를 맡았어요. 러시아는 동양인에 대한 검문검색을 강화할 계획이었으나, 일이 되려고 그랬는지 일본인의 출입이 자유로워야 한다며 오히려 일본 측에서 동양인의 검문검색을 반대했어요. 경비는 삼엄했지만 일본인 환영 인파에 뒤섞여 안중근은 검문도 없이 하얼빈 역 현장에 당도할 수 있었습니다. 역에서 이토 히로부미가 탄 기차를 초조하게 기다렸을 안중근은 사실 이토 히로부미의 얼굴을 정확하게 알고 있지 못했어요. 지금처럼 사진이 흔한 시절도 아니었고, 인터넷 검색을 할 수도 없었으니까요. 늙은 동양인을 러시아 군인들이 에워싸자, 이토 히로부미일 거라고 직감적으로 알아챈 거죠. 가까운 거리에서 자리를 확보하고 이토 히로부미로 추정되는 남자를 향해 총을 쏜 뒤, "코레아 우라!"라고 러시아어로 '대한제국 만세'를 외쳤습니다.

이원복 가브릴로 프린치프 역시 사건 당일 운이 따랐습니다. 가브릴로가 속한 비밀 단체 '검은 손'은 황태자 부부가 역에서 나온 뒤의 동선을 파악해서 조직원 세 명을 각소에 배치했죠. 적진이나 다름없는 보스니아에 도착한 황태자 부부도 차에 올라탄 뒤, 혹시 모를 위험에 대비해 전속력으로 목적지를 향해 질주했습니다. 그런데 한 단원이 차를 향해 폭탄을 던집니다. 하지만 황태자 부부가 탄 차가 아닌 그다음 차가 폭발하고 말죠. 황태자 부부를 보위하던 고위 간부가 다쳐서 병원으로 이송되자 황태자 부부가 탄 차는 경로를 바꿔 병원으로 향합니다. 황태자 부부를 기다리던 프린치프는 이 소식을 듣고 상심한 나머지 빵집에 들어가 빵을 사먹고 있었다고 해요. 그런데 황태자 부부를 태운 운전기사가 길을 잘못 들어서는 바람에, 그 빵집 앞을 지나가게 된 거예요. 가브릴로 프린치프가 이때를 놓치지

않고 1.5미터 거리에서 황태자 부부를 향해 총을 쏩니다. 황태자비는 그 자리에서 숨졌고, 황태자는 병원으로 후송되었으나 사망했습니다. '검은 손' 조직원들은 거사에 성공하게 되면 자살하기 위해 청산가리를 소지하고 있었는데, 가브릴로 프린치프는 청산가리를 채 먹기도 전에 체포되고 말았습니다.

신병주 역사를 바꾼 사건들은 대부분 우연에 우연을 거듭하는 가운데 그 우연들이 절묘하게 맞아떨어지면서 성공을 거두더라고요. 만약 황태자 부부가 폭발 후에도 계획대로 목적지를 향했더라면, 황태자 부부의 경로가 변경된 걸 알고 프린치프가 그냥 집에 가버렸다면, 빵집에 가지 않았더라면 인류의 역사를 뒤흔든 그 암살은 성공하지 못했을지도 모르죠.

이원복 오스트리아의 빈 군사박물관은 그날 가브릴로 프린치프가 사용한 총을 보관하고 있습니다. 사실은 사실이고 역사는 역사라는 거겠죠. 그 총으로 인해 자신들의 황태자 부부가 죽었지만 역사적으로 중요한 사건이니까요. 그런데 흥미로운 점은 황태자 부부를 관통했던 총알은 보스니아 사라예보 군사박물관에서 보관하고 있다는 것이에요.

두 민족 영웅의 최후

이정민 저격에 성공하고 나서 안중근과 가브릴로 프린치프의 다음 행보는 어땠나요?

신병주 안중근은 일곱 발이 장전된 총을 들고 있었는데, 세 발은 이토 히로부미를 향해 쐈고, 혹시 몰라서 이토 히로부미일지도 모를 다른 사람들을 향해 또 세 발을 쏜 뒤, 한 발이 남은 총을 러시아 군인에게 주면서 자진해서 체포되었습니다. 러시아 법정에서 재판받을 것으로 예상했던 안중근 의사는 그 법정에서 대한제국의 상황을 국제 사회에 알리고자 했기 때문입니다. 안중근은 이토 히로부미를 죽인 것은 "조국 독립과 동양 평화를 위한 불가피하고 정당한 것이다. 나는 전쟁 포로이지 일개 자객이 아니다. 나는 국제 공법, 만국 공법에 따라 처리되기를 희망한다"라고 강조했습니다. 또한 대한 의군의 참모 중장으로서 독립 전쟁 중에 적장을 사살한 것이라는 점을 누누이 밝혔고요.

하지만 일본이 교묘하게 개입하면서 판사도 일본인, 검사도 일본인, 변호사도 일본인, 통역관도 일본인, 방청인까지 일본인인 말 그대로 형식적인 재판이 진행되었습니다. 안중근의 가족은 당시 한국인 변호사까지 선임했고, 많은 외국인 변호사도 자발적으로 변호를 맡겠다고 했지만 일본인 판사는 일본인 국선변호사에게 안중근의 변호를 맡긴 것이죠. 결국 안중근은 속전속결로 최후를 맞이할 수밖에 없었습니다. 1909년 10월 26일에 이토 히로부미를 하얼빈 역에서 저격하고, 1910년 2월 7일부터 2월 14일까지 여섯 차례에 걸쳐 형식적인 재판을 받은 후, 1910년 2월 14일 사형을 선고받았습니다. 그리고 한 달이 조금 지난 1910년 3월 26일, 거사가 있은 지 다섯 달 만에 뤼순 감옥에서 순국했습니다.

이원복 1914년 6월 28일에 사라예보 사건이 일어났는데, 6월 28일은 이전부터 세르비아 국민에게 가장 중요한 기념일이었습니다. 1389년 오스만 제국 군대가 침략해왔을 때 세르비아의 기독교 군대는 6월 28일 코소보 전투에서 전멸당합니다. 그런데 세르비아 군대를 이끌던 장군 밀로슈 오빌리치는 백기를 들고 투항하는 척하다가 오스만 제국의 황제를 죽입니다. 1389년 6월 28일은 세르비아 군대가 전멸한 날이기도 하지만 동시에 어떠한 상황에도 굴하지 않는 세르비아인의 정신을 보여준 날이기도 하죠. 우리의 3·1운동처럼 세르비아에서는 가장 숭고하게 여기는 민족의 성일이거든요. 바로 그날, 프린치프가 새로운 침략자인 오스트리아 황태자 부부를 저격한 것입니다. 세르비아에서 이 사건이 가지는 의미는 이루 말할 수 없이 대단할 수밖에 없죠.

현장에서 체포된 프린치프는 지금의 체코에 있는 감옥으로 이송됩니다. 오스트리아-헝가리 제국 법으로 만 스무 살 이상이어야 사형선고나 집행이 가능한데, 6월 28일 저격 당시 7월 13일생 프린치프는 아직 미성년자였어요. 사형을 선고할 수 없어 종신형을 내립니다. 과거에 성당 직원이 실수로 프린치프를 6월 25일생으로 기록했었기 때문에 사형을 받을 뻔했는데, 관련 서류를 검토하는 과정에서 7월 13일로 정정한 기록이 나와 간신히 사형을 면했다고 하죠. 그렇지만 면회도 금지된 감옥에서 쇠사슬에 묶여 여러 해를 지내자니 고통이 이만저만이 아니었어요. 여러 차례 자살을 시도했으나 실패했고, 앓고 있던 결핵의 합병증으로 한쪽 팔까지 절단하는 등 힘겨운 나날을 보내다가 1918년 4월 28일 감옥에서 최후를 맞이합니다.

그 누구도 프린치프의 시신을 찾을 수 없도록 아무도 모르게 묻으라는 명령이 떨어집니다. 다행히 민족주의자 간수 한 명이 프린치프가 묻힌 곳 주변을 몰래 스케치해뒀고, 우여곡절 끝에 간수는 자신의 아버지에게 그 스케치를 전했어요. 1차 세계대전에서 승전한 세르비아는 당당하게 프린치프의 시신을 거두고 그 자리에 교회를 세웁니다. 또 프린치프가 빵을 먹던 빵집 앞 거리에는 발자국 두 개가 찍힌 동판이 설치되었고, 그곳은 유명한 관광 명소로 자리를 잡았죠. 또 발칸 반도에는 가브릴로 프린치프의 이름을 딴 거리가 무려 여섯 개나 됩니다. 프린치프는 발칸 반도의 영웅이자 세르비아 민족의 영웅이죠.

"너의 죽음은 너 한 사람의 것이 아니다"

이정민 안중근 의사의 어머니 조마리아 여사가 아들에게 보낸 편지는 자식을 둔 입장에서 참 쉽지 않은 내용을 담고 있어서, 볼 때마다 정말 대단한 어머니라는 생각이 듭니다. 조마리아 여사가 직접 쓰지는 않았지만, 인편으로 부탁한 내용이 대강 이렇게 전해집니다.

> 네가 만약 늙은 어미보다 먼저 죽은 것을 불효라 생각한다면
> 이 어미는 웃음거리가 될 것이다
> 너의 죽음은 너 한 사람의 것이 아니라
> 조선인 전체의 공분을 짊어지고 있는 것이다
> 네가 항소를 한다면 그것은 일제에 목숨을 구걸하는 짓이다
> 네가 나라를 위해 이에 이른즉 딴마음 먹지 말고 죽으라
> 옳은 일을 하고 받는 형이니 비겁하게 삶을 구걸하지 말고
> 대의에 죽는 것이 어미에 대한 효도이다
> 아마도 이 편지가 이 어미가 너에게 쓰는 마지막 편지가 될

것이다
여기에 너의 수의를 지어 보내니 이 옷을 입고 가거라
어미는 현세에서 너와 재회하기를 기대치 않으니
다음 세상에는 반드시 선량한 천부의 아들이 되어 이 세상에 나오너라

신병주 그 어머니에 그 아들이죠. 재판장·검사·변호사·통역사 모두 일본인으로 이루어진 법정이라면, 전쟁 포로로서 제대로 된 재판을 받기는 어렵다고 판단한 겁니다. 그래서 조마리아 여사가 아들에게 이 편지와 직접 지은 수의를 건넨 거죠. 재판 과정에서 일본이 갖은 꼼수를 부리긴 했지만, 해외 언론까지 막을 수는 없었습니다. 이토 히로부미의 암살 사건은 전 세계적인 이슈가 되었어요. 재판 진행 과정에도 관심이 많았는데, 영국 신문은 "재판의 진정한 승리자는 안중근"이라고 보도했고, 미국 《시카고 이브닝 포스트》는 "이토 히로부미의 죽음이 사람을 압제하는 악한 수단을 행하는 자의 경계가 되길 바란"다고 보도했을 정도죠. 또한 베이징의 한 신문은 "대한제국에 인재가 없다고 말하지 말라"고 보도했습니다. 한 기록에 따르면 안중근 의사가 이토 히로부미를 사살한 10월 26일부터 11월 4일까지 약 열흘 동안 전 세계에 타전된 전보가 9만 건에 이른다고 하니, 전 세계에 미친 영향력이 어느 정도였는지 짐작이 갑니다.

이원복 오스트리아 황태자 부부 암살 사건의 경우, 약 한 달 후에 1차 세계대전이 발발했으니 그 영향력을 따로 언급할 필요가 없을 정도예요. 가브릴로 프린치프가 황태자 부부를 죽이자, 오스트리아-헝가리 제국 입장에서는 발칸 반도를 차지할 수 있는 절

호의 기회로 여겼겠죠. 황태자 부부의 죽음을 빌미로 세르비아에 온갖 부당한 요구를 했고 세르비아에서 이를 거절하자 기다렸다는 듯이 전쟁을 선포합니다. 사실 가브릴로 프린치프가 총을 쏘지 않았더라도, 언제이고 일어났을 전쟁이었으니까요. 1871년 전까지만 하더라도 유라시아는 프랑스·영국·러시아·오스트리아·오스만 이렇게 다섯 개 제국에 의해 좌우되고 있었습니다. 오스만 제국이 급격하게 약화되면서 나머지 네 제국이 그 영토를 차지하기 위해 각축을 벌이고 있었어요. 그런데 1870년엔 이탈리아가 등장하더니 1871년에는 독일이 통일됩니다. 가까스로 균형을 유지하고 있었는데, 이탈리아와 독일이라고 하는 강대국들이 끼어들면서 새로운 국면을 맞이하게 됩니다. 영국과 프랑스와 러시아가 한편이, 독일과 오스트리아와 오스만이 다른 한편이 되어 서로 눈치를 보며 아슬아슬하게 지내고 있는 와중에 '빵!' 하고 총소리가 난 거예요.

이정민 안중근 의사는 재판 과정에서는 물론이고 옥살이 중에도 의연하고 당당한 모습을 지켰는데, 사형이 결정되고 나서 집행 유예를 신청했죠. 그 이유가 무엇가요?

신병주 안중근 의사는 옥중에서 《동양평화론》을 집필하고 있었어요. 이토 히로부미를 저격한 그 바탕에도 동양이 이제는 평화의 시대로 나아가야 한다는 '동양평화론'이 깔려 있거든요. 일본은 오히려 동양의 평화를 해치는 방향으로 나아가고 있기 때문에 이제라도 반성하고 동양의 평화를 위해 노력해야 한다는 의미에서 경종을 울리고 싶었던 겁니다. 이 사상을 뤼순 감옥에서 글로 정리한 거죠. 하지만 안타깝게도 일본은 《동양평화론》이 완성되는 것을 원치 않았고 서둘러 사형을 집행해버렸습니다.

안중근 의사를 독립운동가로만 알고 있지만 학자나 사상가로서도 손색이 없는 면모를 많이 보여줬죠. 특히나 글씨를 잘 썼고, 그 내용도 참 좋죠. "하루라도 글을 읽지 않으면 입 안에 가시가 돋는다"라는 문장은 익히 들어서 많이들 알고 있잖아요? 이 유묵들과 더불어 손바닥 도장도 유명하지 않습니까. 뤼순 감옥에 파견된 일본 헌병에게까지 "위국헌신은 군인의 본분이다"라는 글씨를 남겼어요. 적국의 군인에게 나라를 위해 헌신하는 것이야말로 본분임을 깨우쳤다는 건 무한히 열린 마음이 아니고는 불가능했을 겁니다. 제국주의의 상징으로서 이토 히로부미를 저격하기는 했지만, 일본의 모든 사람을 미워하기 위함이 아니었음을 뜻하기도 하고, 또 각자는 각자의 입장에 따라 저마다의 길이 있다는 것을 인정하는 자세이기도 하죠.

이원복 프린치프는 감옥 벽에 낙서를 남겼어요. "역사는 물 위에 쓴 진실이다." 생각할 여지가 많은 문장이죠. 흘러간다는 의미가 될 수도 있고, 지금은 평가할 수 없다는 의미가 될 수도 있겠습니다. 전쟁이 끝날 때까지 살아 있었다면, 민족의 영웅으로서 당당하게 감옥을 나올 수 있었을 텐데 참 안타깝습니다.

이정민 도마 안중근과 가브릴로 프린치프는 당시 상대편 제국주의자들 눈에는 그저 사람을 죽인 테러리스트였을지 모릅니다. 그러나 오늘날 우리는 알고 있습니다. 또한 전 세계의 역사는 기억하고 있습니다. 조국을 위해, 더 나아가 인류의 평화를 위해 제국주의에 맞서 싸운 영웅이었다는 사실을 말이죠. 그 숭고한 희생과 뜨거운 용기를 가슴에 새기면서 지금 이 순간, 우리가 누리고 있는 이 평화와 자유의 의미를 한 번 더 기억하기를 바랍니다.

조선의 계몽 군주 정조와 어깨를 나란히 할 수 있는 세계사의 군주로는 누가 있었을까? 물리적, 공간적 한계로 당대에는 마주하지 못했지만, 그들이 직면했던 현실, 그들의 고민, 그들의 투쟁, 그들의 사랑은 어디까지 닮아 있을까? 문득 떠오른 호기심에서 시작된 〈글로벌 한국사, 그날 세계는〉이 책으로 독자들과 만나게 되어 기쁩니다.

한국사와 세계사를 대표하는 최고의 연사와 최고의 MC, 최고의 작가와 작업을 할 수 있었기에, 이처럼 누구에게 내놓아도 부끄럽지 않은 역사 콘텐츠가 탄생할 수 있었겠지요. '역사를 잊은 자에게 미래는 없다. 역사는 오래된 미래다'라는 구절을 참 좋아하는데, 평소 그 말이 왜 그렇게 제 가슴을 두근거리게 했는지 이 프로그램을 기획하고 제작하면서 다시금 확인할 수 있었습니다. 이 책을 통해 더 많은 분들의 가슴이 두근거리게 되기를 기대해봅니다.

KBS 프로듀서 박대식

역사에 대해 쥐뿔도 모르는 주제에 이런 프로그램을 맡아도 될까? 처음엔 걱정이 많았다. 그나마 한국사는 더듬더듬 따라갈 정도였지만 세계사는 그야말로 문외한. '이걸 어쩌나' 싶었다.

그런데 우리에겐 신의 한 수가 있었다. 누구도 따라갈 수 없는 방대한 역사 지식을 갖고 계신 두 분 교수님, 이원복 총장님과 신병주 교수님의 출연 결정으로 모든 일이 일사천리로 진행되었다.

"교수님, 삼일절 특집인데 안중근 의사와 누구로 할까요?" 여쭤보면 답이 바로 돌아온다. "가브리엘 프린치프라고 있어. 자료 줄게." 이원복 총장님의 대답은 언제나 시원시원하다. 어떤 날은 '광복절 특집인데 맨날 나오는 거 말고 다른 아이템 뭐 없을까?' 하고 걱정하고 있으면 이번엔 신병주 교수님이 훈수를 두신다. "임시정부 한 번 다뤄봅시다." 그야말로 환상의 듀엣이 옆에 계시니 우리는 그저 잘 받아먹기만 하면 된다. 그뿐인가? 자칫하면 너무 딱딱해질 수 있는 역사 이야기에 활기를 불어넣어주는 이정민 아나운서의 예능감과 연출을 맡고 있는 박대식 프로듀서의 수고까지 더해지면서, 처음 시작할 때의 걱정은 자신감과 기대감으로 바뀐 지 오래.

게다가 생각지도 못했는데 책으로 만들어지니 자신감은 뿌듯함이 되었고 뿌듯함은 다시 책임감으로 돌아왔다. 이제는 그저 잘 받아먹는 데서 한발 더 나아가 청취자 여러분과 독자 여러분께 '진짜 재미있는 역사 이야기'를 들려주는 스토리텔러로 우뚝 서기를, 〈글로벌 한국사, 그날 세계는〉이 '새로운 역사 프로그램의 대명사'가 되기를 기대해본다.

방송작가 김정희

ㅈ

글로벌 한국사, 그날 세계는 인물VS인물

한국사와 세계사를 넘나드는 시시콜콜 역사 토크

지은이 | KBS 글로벌 한국사, 그날 세계는 제작팀

1판 1쇄 발행일 2016년 1월 11일
1판 3쇄 발행일 2017년 6월 19일

발행인 | 김학원
경영인 | 이상용
편집주간 | 김민기 위원석 황서현
기획 | 문성환 박상경 임은선 김보희 최윤영 조은화 전두현 최인영 이혜인 이보람 정민애 이효온
디자인 | 김태형 유주현 구현석 박인규 한예슬
마케팅 | 이한주 김창규 이정인 함근아
저자·독자서비스 | 조다영 윤경희 이현주(humanist@humanistbooks.com)
스캔·출력 | 이희수 com.
조판 | 홍영사
용지 | 화인페이퍼
인쇄 | 청아문화사
제본 | 정민문화사

발행처 | (주) 휴머니스트 출판그룹
출판등록 | 제313-2007-000007호(2007년 1월 5일)
주소 | (03991) 서울시 마포구 동교로23길 76(연남동)
전화 | 02-335-4422 팩스 | 02-334-3427
홈페이지 | www.humanistbooks.com

ISBN 978-89-5862-973-3 03900

• 이 도서의 국립중앙도서관 출판예정도서목록(CIP)은 서지정보유통지원시스템 홈페이지(http://seoji.nl.go.kr)와 국가자료공동목록시스템(http://www.nl.go.kr/kolisnet)에서 이용하실 수 있습니다.(CIP제어번호: CIP2015034262)

만든 사람들

기획 | 강창훈 최인영(iy2001@humanistbooks.com)
편집 | 김은영
일러스트 | 최경식
디자인 | 김태형